AF368763

TU PRIMERA VEZ EN COREA

JUDY UM
LORENA CAPARRÓS

www.coreano.guiaburros.es

EDITATUM

Si después de leer este libro, lo ha considerado como útil e interesante, le agradeceríamos que hiciera sobre él una **reseña honesta en cualquier plataforma de opinión** y nos enviara un e-mail a **opiniones@guiaburros.es** para poder, desde la editorial, enviarle **como regalo otro libro de nuestra colección.**

Agradecimientos

Quiero expresar mi gratitud a Dios, mis padres y mi hermano Yuno por haber sido mi apoyo siempre.

Judy.

A mis padres, mi hermano y Antonio, por su apoyo incondicional.

Lorena.

Sobre las autoras

Judy Um es políglota, traductora, intérprete y profesora de idiomas con sede en Seúl, Corea del Sur. Tiene experiencia trabajando como traductora en SBS (Seoul Broadcasting System) y como intérprete judicial en el Tribunal Administrativo de Seúl. Se graduó en Literatura y Lenguas francesa e hispana de la Universidad Nacional de Seúl y realizó un Máster en traducción e interpretación de conferencias. También es escritora en *Polyglot Monthly*, una revista dedicada a los estudiantes y amantes de idiomas. Habla coreano, inglés, francés, español, chino mandarín, italiano y portugués en diferentes niveles.

Lorena Caparrós es políglota, lingüista y profesora de idiomas que vive actualmente en España. Habla español, inglés, alemán, coreano y francés en diferentes niveles y, como partidaria de la formación continua, seguramente se sumergirá en más idiomas. Se graduó en Lingüística y Literatura Inglesa en la Universidad de Murcia, lo que le permitió estudiar en el extranjero, en Alemania y Estados Unidos. Posteriormente, realizó un Máster en Planificación y Dirección del Turismo y un segundo Máster en Enseñanza de idiomas extranjeros.

Índice

Introducción
도입부

¿Qué significa para ti aprender un idioma? Como dijo Carlomagno una vez "saber otro idioma es tener una segunda alma", Lorena y yo coincidimos de todo corazón en que los idiomas no son solo una herramienta de comunicación, sino una magia que abre nuevos mundos, horizontes y puertas. Sabiendo lo bonito que puede ser un viaje de aprendizaje de idiomas, ahora nos gustaría compartir esa oportunidad con vosotros y vosotras.

Bienvenido o bienvenida a **"Tu primera vez en Corea: Conversaciones en coreano de nivel intermedio para viajar"**, un libro de conversaciones en coreano destinado a ayudarte a aprender coreano con diálogos auténticos entre dos amigas, Lorena y Judy. En la vida real, Lorena y Judy se han cruzado en Instagram al compartir su pasión por los idiomas de diferentes formas. Después de confirmar el interés por los idiomas de cada una, decidimos colaborar en un proyecto en coreano que fusiona idiomas y viajar, nuestros dos mayores intereses.

Por supuesto, escribir un libro parecía abrumador al principio. Sin embargo, nuestra pasión y entusiasmo han sido lo suficientemente fuertes como para superar la diferencia horaria y la distancia entre Málaga y Seúl. Además, estamos felices de reconocer que este libro ha un verdadero producto de la palabra "colaboración".

Hemos combinado la fortaleza lingüística de cada una como hablante nativa de coreano y aprendiz de coreano, y nuestro talento como diseñadora, ilustradora, escritora, traductora y productora. En todos los sentidos, este proyecto ha sido un proceso realmente agradable.

Por último, queremos extender el agradecimiento a cada uno de vosotros y vosotras, por vuestro interés en Corea, su idioma y su cultura. Es sorprendente ver el intenso vínculo que las personas no coreanas forman con el país. Gracias a todos por el cariño.

Os deseamos un agradable viaje acompañando a Lorena y a Judy en Corea.

Con suerte, nos podremos ver en Corea pronto.

**Con cariño,
Lorena y Judy**

Audio

Quizlet
flashcards

Puntos gramáticales introductorios
기초 문법 사항

Antes de comenzar el viaje, hay varias cosas que queremos explicar de antemano.

Puede haber más de una respuesta

Debido a la naturaleza del idioma coreano, puede haber varias respuestas a los ejercicios. Hemos hecho todo lo posible para ofrecer varias respuestas posibles. Sin embargo, si tienes una respuesta diferente a la de la hoja de respuestas y crees firmemente que es correcta, pregunta a un coreano nativo o usa Internet para confirmar tu respuesta. Una vez más, las respuestas en la hoja de respuestas pueden no ser las únicas respuestas posibles.

Omisión del pronombre

Al igual que en español, en coreano también se omiten los pronombres personales a menudo. Usar estos pronombres en cada oración suena poco natural. Por lo tanto, no te asustes si ves que falta el pronombre.

Honoríficos

En coreano, se tienen que usar honoríficos con personas mayores, personas con un estatus social más alto (por ejemplo, con tu jefe) y con aquellos con los que hablas por primera vez. Como Lorena y yo somos amigas, la mayoría de las conversaciones están escritas en 반말 excepto en el momento en que nuevos personajes se unen a nuestra conversación. Ten en cuenta que en el libro, Lorena y Judy hablan de la manera más amigable, natural y auténtica posible.

Diferentes tipos de negación

Hay varios tipos de negación en coreano, dos de los más comunes son "안" y "못". En pocas palabras, "안" significa "no" y "못" significa "no poder". Por ejemplo:

나는 숙제를 안 했어. No hice los deberes.

나는 숙제를 못 했어. No pude hacer los deberes.

Ahora estás más que listo para emprender este viaje.

¡Que comience la aventura!

El alfabeto coreano

Como en español, el alfabeto coreano está compuesto por letras que se pueden poner juntas para formar palabras. El alfabeto coreano contiene 14 consonantes y 10 vocales, y cada letra corresponde a un sonido.

Consonantes

ㄱ	ㄴ	ㄷ	ㄹ	ㅁ	ㅂ	ㅅ	ㅇ	ㅈ
g/k	n	d	r/l	m	b	s	ng	y
g/k	n	d	r/l	m	b	s/ɕ	ŋ	dʑ/tɕ

ㅊ	ㅋ	ㅌ	ㅍ	ㅎ
ch	k	t	p	h
tɕʰ	kʰ	tʰ	pʰ	h

Al comienzo de la sílaba ㅇ no tiene sonido, mientras que cuando se encuentra al final se pronuncia como ng /ŋ/.

Consonantes dobles

ㅈㅈ	ㄲ	ㄸ	ㅃ	ㅆ
jj	kk	tt	pp	ss
c'	k'	t'	p'	s'

Las consonantes dobles suenan de manera más tensa a su respectiva consonante simple homóloga.

Vocales (monoptongos)

ㅏ	ㅓ	ㅗ	ㅜ	ㅡ	ㅣ	ㅐ	ㅔ
a	eo	o	u	eu	i	ae	e
a/a:	ʌ/ə:	o/o:	u/u:	ɨ/ɯi	i/i:	ɛ/ɛ:	e/e:

Vocales (diptongos)

ㅑ	ㅕ	ㅛ	ㅠ	ㅒ	ㅖ
ya	yeo	yo	yu	yae	ye
ja	jʌ	jo	ju	jɛ	je

ㅘ	ㅝ	ㅙ	ㅞ	ㅚ	ㅟ	ㅢ
wa	weo	wae	we	oe	wi	ui
wa	wʌ/wə:	wɛ	we	we	wi	ɨi

Bloques silábicos

Ahora que sabes cada una de las letras individuales del alfabeto, es hora de aprender cómo podemos combinarlas para formar palabras. En coreano, las palabras están hechas de bloques que contienen cada letra. Cada uno de estos bloques es una sílaba, y juntandolos podemos formar palabras.

I = Inicial (consonante)   M = Medio (vocal)   F = Final (consonante)

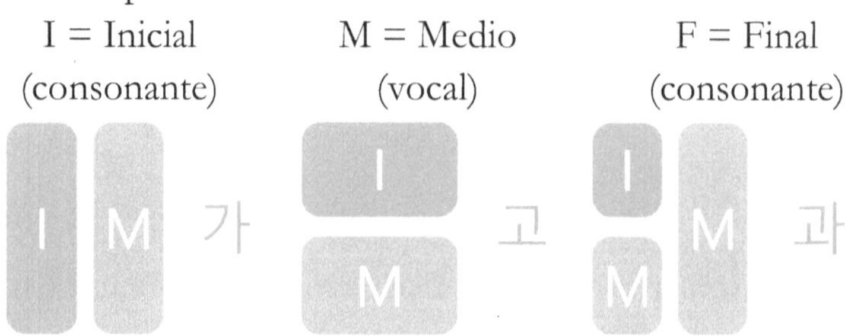

Parece que hay muchos patrones de bloques que recordar, pero en realidad es mucho más simple. Mirando los patrones que acabamos de introducir, puedes ver que cada palabra empieza por una consonante y que las vocales siempre se encuentran en el centro. Por lo tanto, solo tienes que recordar que los bloques están formados de 2 a 4 letras y siempre están en segundo lugar.

Cada bloque silábico tiene:

- Una consonante inicial
- Una vocal en el medio
- Una consonante final (opcional)

Un bloque silábico debe como mínimo tener dos letras. Es por eso que las vocales no pueden ir solas y van acompañadas por ㅇ, que no tiene sonido al inicio de la sílaba

아 a   오 o

Pedir direcciones
길 찾기

Lorena acaba de llegar a Seúl después de un largo viaje y quiere llegar a la estación de Seúl para ver a su amiga Judy. En el aeropuerto internacional de Incheon, pide direcciones:

Lorena: 실례합니다. 길 좀 여쭤볼게요. 여기서 서울역에 가려면 어떻게 해야하나요?

Perdone. Permítame pedir direcciones. ¿Cómo puedo llegar a la estación de Seúl desde aquí?

Persona: 인천공항 1터미널역에서 공항철도를 타세요.

Puede tomar el tren del aeropuerto en la Terminal 1 del aeropuerto de Incheon.

Lorena: 네, 감사합니다. 인천공항 1터미널역은 어디에 있나요?

Vale, gracias. ¿Y dónde está la estación de la Terminal 1 del aeropuerto de Incheon?

Persona: 3 층으로 올라가시면 지하철역이 보이실 거에요. 에스컬레이터를 타고 올라가셔서 오른쪽으로 가세요.

Si sube al tercer piso, verá la estación de metro. Tome las escaleras mecánicas y gire a la derecha.

Lorena: 감사합니다.

Gracias.

Vocabulario

실례합니다 perdone, disculpe	**공항철도** tren del aeropuerto
좀 abreviación de 조금 (un poco)	**타다** montarse (en un vehículo)
여쭤보다 honorifico de "preguntar (물어보다)"	**층** piso, planta (contador)
서울역 Estación de Seúl	**에스컬레이터** escalera mecánica
오른쪽 derecha	**올라가다** subir
인천공항1터미널역 Terminal 1 del aeropuerto internacional de Incheon	

Gramática

1 - N-쪽으로

Noun + 쪽 + (으)로   a [una dirección]

-쪽: contador para lados y direcciones   -(으)로: particula que expresa dirección

El nombre termina en vocal o ㄹ   El nombre termina en consonante
+ 로   + 으로

왼쪽으로: a la izquierda   **오른쪽으로:** a la derecha

그 카페 가려면 병원 쪽으로 가다가 오른쪽으로 가면 돼요.

Si quiere ir a la cafetería, vaya <u>al hospital</u> y luego gire <u>a la derecha</u>.

오른쪽으로 가세요.

Por favor, ve <u>a la derecha</u>.

2 - V/A-(으)시면

Formal

Verbo/Adj + (으)시면   si uno hace (honorifico)

-(으)시: honorifico   -면: "si " o "cuando"; terminación para condicionales

La riz del verbo/adj termina en vocal   La raíz del verbo/adj termina en consonante
+ 시   + 으시

Informal

Verbo/Adj + (으)면   si uno hace

-(으)면: "si" o "cuando"; terminación para condicionales

La raíz del verbo/adj termina en vocal   La raíz del verbo/adj termina en consonante
+ 면   + 으면

Nota: el condicional se usa para expresar condiciones y suposiciones.

올라가시면
si sube (formal)

내려가시면
si baja (formal)

올라가면
si subes

내려가면
si bajas

날씨가 좋으면 등산을 해요.
<u>Si hace buen</u> tiempo, iré de excursión.

학교에 가면 알려 주세요.
<u>Si vas a la escuela</u>, avísame.

3 - V/A-(으)세요

Verbo + (으)세요   (por favor) haz...

Esta terminación se usa para pedir al oyente de forma cortés que haga algo o cuando se da instrucciones u órdenes.

La raíz del verbo termina en vocal   La raíz del verbo termina en consonante
+ 세요   + 으세요

하세요
por favor haz

가세요
por favor ve

보세요
por favor mira

그 카페 가려면 병원 쪽으로 가다가 오른쪽으로 가세요.
Si quiere ir a la cafetería, vaya al hospital y luego (por favor) gire a la derecha.

야채를 많이 드세요.

Come muchas verduras.

4 - A-(으)ㄴ 가요?; V-(으)나요?

Adj + (으)ㄴ 가요?	Verb + (으)나요?
Estas formas se utilizan para hacerle una pregunta a alguien cortésmente.	
La raíz del adj termina en vocal	La raíz del adj termina en consonante
+ ㄴ 가요?	+ 은가요?
La raíz de verbo termina en vocal	La raíz del verbo termina en consonante
+ 나요?	+ 으나요?

오늘 시간 있나요?

¿Tienes tiempo hoy?

하나 씨, 언제 서울에 오시나요?

Hanah, ¿cuándo vienes a Seúl?

*Nota que se usa -(으)시- también, para ser aún más educado/a.

El aeropuerto internacional no está ubicado en 서울, sino en 인천, una ciudad costera en el noroeste de Corea del Sur. Para ir a 서울, es necesario tomar el autobús o el metro. Se tarda aproximadamente una hora en llegar a la capital y cuesta alrededor de ₩12,000-24,000 (8-18€).

1. Empareja cada palabra con su significado:

1. 서울역	a. Honorífico de "preguntar"
2. 올라가다	b. Derecha
3. 실례합니다	c. Estación de Seúl
4. 여쭤보다	d. Un poco (abr.)
5. 오른쪽	e. Tren del aeropuerto
6. 좀	f. Piso
7. 층	g. Subir
8. 공항철도	h. Disculpe

2. Completa los espacios con el punto gramatical apropiado del cuadro:

☐ 내리세요	☐ 보시면	☐ 오면
☐ 갔나요	☐ 왼쪽으로	☐ 연착됐나요
☐ 가져가세요	☐ 있나요	
*내리다: bajarse (vehículo)	*연착되다: retrasarse	*가져가다: traer

1. 공항철도로 가시려면 _______________ 가세요.

2. 저기 _______________ 경복궁을 보실 수 있을 거예요.

3. 오늘 학교에 _______________?

4. 비가 _________ 우리는 집에 있을 거예요.

5. 다음 역에서 _ _ _ _ _ _ _ _ _ _ _ _ _ _ _ _ _ .

6. 한국어를 잘 할 수 _ _ _ _ _ _ _ _ _ _ _ _ ?

7. 비가 올 것 같아요. 우산을 _ _ _ _ _ _ _ _ _ _ _ _ _ _ _ .

8. 기차가 _ _ _ _ _ _ _ _ _ _ _ ?

3. Lee las siguientes oraciones y responde verdadero o falso. Si la oración es incorrecta, cámbiala para corregirla:

1. Para hacer una pregunta de forma cortés, debes añadir -(으)나요? a los verbos y -(으)ㄴ가요? a los adjetivos. ( )

2. -(으)세요 se añade a los verbos para dar consejos. ( )

3. Para mostrar más respeto, puedes añadir -(으)시 al verbo antes de la terminación. ( )

4. -쪽으로 se usa para dar direcciones. ( )

5. -(으)면 se añade a verbos y adjetivo para expresar suposiciones y condiciones. ( )

4. Completa los diálogos con la información entre paréntesis:

1. A: 실례합니다. _ _ _ _ _ _ _ _ _ _ _ _ _ _ _ _ _ _ . 여기서
   (Permítame preguntar direcciones)

   버스 터미널에 가려면 어떻게 해야하나요?

   B: 버스 터미널로 가시려면 _ _ _ _ _ _ _ _ _ _ _ _ _ _ _ .
   (Por favor, ve a la izquierda)

2. A: 실례합니다, 화장실이 어디에 _ _ _ _ _ _ _ _ _ _ _ _ _ ?
   (Pregunta cortés con 있다)

   B: 화장실에 가시려면 _ _ _ _ _ _ _ _ _ _ _ _ _ 가세요.
   (a la derecha)

   *화장실: aseo, baño

3. A: _____________________.

   B: 네, ______________.

   *조심하다 = tener cuidado

5. Traduce las siguientes oraciones al coreano usando las palabras de la sección de vocabulario y los puntos de gramática de la sección de gramática:

1. Disculpe, ¿dónde está la estación de Seúl? (pregunta cortés)

2. Si quieres ir a la cafetería, ve a la derecha.
   *카페: cafetería

3. Deberías traer ropa de abrigo a Corea.
   *따뜻하다: cálido/a, abrigado/a

4. Cuando vayas a Corea, prueba el 김밥.
   *드셔보세요: probar comida (honorífico)

Coger el metro

지하철 타기

Lorena acaba de llegar a la estación de Seúl y se encuentra con su amiga Judy. Se conocieron en Instagram y es la primera vez que se ven en la vida real. Llevan mucho tiempo esperando este momento:

Lorena: **안녕 쥬디! 반가워!** ¡Hola Judy! Encantada de conocerte.

Judy: **안녕 로래나! 반가워! 한국에 온 것을 환영해. 오느라고 힘들었지?** ¡Hola Lorena! Encantada de conocerte. Te ha costado mucho venir, ¿verdad?

Lorena: 고마워. 아니 생각보다 괜찮았어. 비행기에 사람이 많이 없어서 편하게 왔어.

Gracias (por preguntar). No, ha ido mejor de lo que pensaba. He venido cómodamente porque no había mucha gente en el avión.

Judy: 다행이다! 지하철은 괜찮았어?

¡Qué alivio! ¿Y el metro bien?

Lorena: 응. 그런데 지하철 역을 찾는 게 조금 어려웠어. 서울은 정말 큰 도시야!

Sí, pero ha sido un poco difícil encontrar la estación de metro. ¡Seúl es una ciudad tan grande!

Judy: 맞아, 서울 지하철이 약간 복잡하지. 이제는 나랑 같이 여행할 테니까 걱정 마!

Tienes razón, el metro de Seúl es un poco complicado. Viajarás conmigo a partir de ahora, ¡así que no te preocupes!

Observa que Judy y Lorena usan 반말 (lenguaje informal) porque son amigas.

Vocabulario

환영하다 dar la bienvenida	**어렵다** difícil
힘들다 difícil	**큰** grande
지하철 metro	**도시** ciudad

비행기	복잡한
avión	complicado
편하다	**약간**
cómodo	un poco
많이	**여행하다**
muchos/as	viajar
괜찮다	**다행이다**
estar bien	ser un alivio
걱정 마	
no te preocupes (informal)	

Gramática

1 - N-보다

> Nombre + 보다   que (comparativo)
>
> Esta partícula se añade al sustantivo que se está comparando.

나는 내 친구보다 키가 크다.

Soy más alta/o <u>que</u> mi amiga/o.

나는 영화 보는 것보다 운동하는 것을 더 좋아한다.

Me gusta más ver películas <u>que</u> hacer ejercicio.

2 - V/A-(으)ㄹ 테니까(요)

Verbo/Adj + (으)ㄹ 테니까(요)... va a [razón] así que [consejo]

-(으)ㄹ 터이다: supposition/intention   -(으)니까: reason

Esta terminación es una combinación de -(으)ㄹ 터이다, que se usa para expresar la suposición o intención del hablante, y -(으)니까, que se usa para expresar la razón.

En una oración que utiliza esta fórmula, la primera oración proporciona la razón del hablante para dar la sugerencia o el consejo que seguirá en la segunda oración.

La raíz del verbo/adj. termina en vocal   La raíz del verbo/adj. termina en consonante

+ ㄹ 테니까(요)   + 을 테니까요

오늘 비 올 테니까 우산을 가지고 가세요.

Hoy <u>va a llover</u>, <u>así que</u> trae un paraguas.

일을 너무 많이 하면 피곤할 테니까 일찍 자세요.

Si trabajas demasiado, <u>vas a estar cansada/o</u>, <u>así que</u> acuéstate temprano.

지하철은 복잡할 테니까 택시 타고 가요.

El metro <u>estará lleno</u>, <u>así que tomemos</u> un taxi.

3 - V-지 마(세요)

Verbo + 지 마(세요)   no...

Esta terminación se usa para pedirle al oyente que no haga algo.

먹지 마(세요): no comas
가지 마(세요): no vayas
울지 마(세요): no llores

그 영화 보지 마세요. 재미없어요.

<u>No veas</u> esa película, no es divertida.

걱정하지 마세요. 다 잘 될 거예요.

<u>No te preocupes</u>, todo saldrá bien.

들어가지 마세요.

<u>No entres</u>.

4 - V/A-지/죠?

> **Verbo/Adj + 지/죠?**　　　　¿verdad?/¿no?
>
> Este final sirve para convertir una afirmación en una pregunta, normalmente para confirmar lo que se dice.

날씨가 춥죠? (formal) = **날씨가 춥지?** (informal): hace frío, ¿verdad?

비가 오죠? (formal) = **비가 오지?** (informal): está lloviendo, ¿no?

선생님! 바쁘시죠?

¡Profesor/a! Está ocupado/a, <u>¿no?</u>

어제 학교에 안 갔죠?

No fuiste a la escuela ayer, ¿verdad?

5 - V-느라고

Verbo + 느라고   [oración negativa] porque...

Esta terminación indica que la afirmación dada en la oración anterior a esta terminación fue la causa de lo que se dice en la segunda oración. En la mayoría de los casos, la segunda oración tiene un matiz negativo.

Nota: 느라고 a veces se abrevia a 느라

요즘 시험 공부를 하느라고 친구들을 못 만났어요.

Últimamente, <u>no he podido</u> encontrarme con mis amigos <u>porque he estado estudiando</u> para los exámenes.

지난 주말에 김장을 하느라고 정말 힘들었어요.

<u>Lo pasé mal porque hice</u> kimchi el fin de semana pasado. (Hacer kimchi es muy laborioso)

Nota: Hay muchas reglas de uso de este punto gramatical, en este libro se ha simplificado para que coincida con su nivel.

서울 tiene un sistema de transporte subterráneo muy conveniente, pero puede parecer difícil para las personas que lo visitan por primera vez. Hay 9 líneas principales y alguna otra adicional. La mejor parte de usar el transporte público en Corea del Sur es su sistema de transbordo ya que los transbordos entre líneas de metro, metro a autobús y autobús a metro son gratuitos.

1. Reorganiza las letras para formar una palabra y escribe también su significado:

1. 기/행/비:

2. 다/이/행/다:

3. 지/철/하:

4. 행/다/하/여:

5. 하/영/환/다:

6. 잡/한/복:

7. 다/하/편:

8. 괜/다/찮:

2. Subraya el error en las siguientes oraciones y corríjelas:

1. 우산을 가져갈 테니까 비가 와.

2. 많이 먹으면 살이 찌니까 먹으 마.

3. 나는 보다 우리 부모님 나이가 많다.

4. 한국에 온 것을 환영해. 왔느라고 힘들었지?

5. 비행기 터미널을 찾는 곳 어려웠어.

3. Completa los espacios en blanco usando la gramática y el vocabulario que has aprendido en este capítulo y la pista entre corchetes:

1. 만나서 _ _ _ _ _ _ _ _ _ _ _ _ _ _ _! (... de conocerte)

2. 파티에 온 것을 _ _ _ _ _ _ _ _ _ _ _ _ _. (bienvenido/a)
   *파티: fiesta

3. 숙제를 하_ _ _ _ _ _ _ _ _ _ 학교에 지각했어요.
   (porque estaba haciendo...)
   *지각하다: llegar tarde

4. 생각_ _ _ _ _ _ _ _ 쉽네요. (más fácil que...)

5. 내가 노래를 부를_ _ _ _ _ _ 너는 춤을 춰. (va a... así que...)

4. Organiza las palabras a continuación para escribir una oración:

1. 똑똑하다/동생/그녀는/내/보다/.

*똑똑하다: inteligente   *동생: hermano/a pequeño/a

2. 오래/걸릴테니까/있으면/밖에/조심하세요/감기에/.

*오래: mucho tiempo   *밖: fuera   *감기: resfriado

3. 바다를/가느라고/못/회의/봤어요/.

*바다: mar   *회의: reunión

4. 테니까/ 갈/엄마랑/마/같이/내일은/걱정/.

5. 많아서/버스에/불편했어/사람이/.

*불편하다: incómodo

5. Traduce las siguientes oraciones al coreano:

1. El metro de Tokio es más complicado que el metro de Seúl.

2. No leas ese libro, es aburrido.
   * 읽다: leer   * 지루하다: aburrido

3. Si ves demasiado la televisión, te sentirás cansado, así que no la veas demasiado.

   *텔레비전을 보다: ver la televisión

   *너무 많이: demasiado

   *피곤하다: cansado/a

4. Vine cómodamente porque no había mucha gente en el autobús.

5. Beijing es una ciudad muy grande.

Planear el día
하루 계획하기

Lorena y Judy están planeando el día. Lorena pregunta qué deberían visitar y Judy recomienda el Palacio Gyeongbok, el palacio real de Seúl. Vamos a ver cuáles son sus planes:

Lorena: 우리 오늘 뭐 할까?

¿Qué deberíamos hacer hoy?

: 서울에서 가보고 싶은 데 있어? 어디 가고 싶어?

¿Hay algún lugar que quieras visitar en Seúl? ¿A dónde quieres ir?

Lorena: 잘 모르겠어. 혹시 추천해줄 수 있어?

No estoy segura. ¿Tienes alguna recomendación?

Judy: 경복궁에 가서
한복을 입어보는 거
어때?

¿Qué tal si vamos al Palacio Gyeongbokgung y nos probamos un Hanbok?

Lorena: 좋아. 나는
한복을 입어본 적이
없어.

Suena bien. Nunca me he probado un Hanbok.

Judy: 경복궁에 가면 한국
역사도 배울 수 있어.
재미있는 경험이 될거야!

También puedes aprender historia coreana en el Palacio Gyeongbokgung. ¡Será una experiencia divertida!

Vocabulario

잘 모르겠어(요) no estar seguro/a	**입어보다** probarse (ropa)
추천하다 recomendar	**역사** historia
경복궁 Palacio Gyeongbokgung	**재미있다** divertido/interesante
경험 experiencia	**입다** ponerse, llevar puesto (ropa)
한복 Hanbok (vestido tradicional coreano)	

Gramática

1 - V-아/어/해 보다

Verbo + 아/어/해 보다   intentar hacer

Esta terminación verbal se usa para expresar probar o intentar hacer una acción.

La raíz del verbo termina en ㅏ o ㅗ	La raíz del verbo termina en otras vocales	La raíz del verbo termina en 야
+ 아 보다	+ 어 보다	+ 해 보다

가보다: intentar ir
입어보다: probar

김치를 먹어 보세요. 맛있어요.

Prueba el kimchi. Es delicioso.

유럽에 가 봤어요?

¿Has estado antes en Europa? (probar la experiencia de ir a Europa).

2 - V-(으)ㄴ 적이 있다/없다; V-아/어/해 본 적이 있다/없다

Verbo + (으)ㄴ 적이 있다/없다   he hecho/no he hecho

Este final se usa para expresar tener una cierta experiencia en el pasado.

La raíz del verbo termina en vocal	La raíz del verbo termina en consonante
+ ㄴ 적이 있다/없다	+ 은 적이 있다/없다

Verbo -아/어/해 본 적이 있다/없다   he probado hacer / nunca he probado hacer

Esta forma es una combinación de -아/어/해 보다 y -(으)ㄴ 적이 있다/없다 y se usa para expresar la **experiencia pasada** de haber intentado hacer algo.

La raíz del verbo termina en ㅏ o ㅗ	La raíz del verbo termina en otras vocales	La raíz del verbo termina en 하
+아 본 적이 있다/없다	+어 본 적이 있다/없다	+해 본 적이 있다/없다

*Nota: estas formulas no se utilizan para describir cosas que se repiten a menudo o que ocurren todos los días. Se utilizan únicamente para describir experiencias que son poco comunes para el hablante.

읽은 적이 있다: haber leído
사 본 적이 있다: "haber podido comprar"
먹은 적이 없다: no haber comido
만들어본 적이 없다: "nunca he podido hacer"

*Nota: el significado de estas terminaciones es muy similar en muchos casos, y ambos pueden usarse indistintamente y traducirse como "haber hecho" o "no haber hecho".

한국 드라마를 본 적이 있어요?

¿Alguna vez <u>has visto</u> un drama coreano?

회사에 지각한 적이 없어요.

Nunca <u>he llegado tarde</u> al trabajo.

김치 먹어본 적이 있어요?

¿Alguna vez <u>has probado a comer</u> kimchi?

서울에 가본 적이 없어요.

<u>Nunca he estado</u> en Seúl.

Verbo + 아/어/해 보다	Verbo + (으)ㄴ 적이 있다/없다 Verbo + 아/어/해본 적이 있다/없다
Se centra en **probar** algo.	Se centra en la **experiencia.**
한국음식을 먹어 봐요. Probemos la comida coreana.	한국음식을 먹은 적이 없어요. 한국 음식을 먹어본 적이 없어요. Nunca he probado la comida coreana. (como experiencia)

3 - V-(으)ㄹ 수 있다/없다

Verbo + (으)ㄹ 수 있다/없다　　　poder/no poder
Este final expresa **habilidad** y **posibilidad,** o la falta de ella.
La raíz del verbo termina en vocal + ㄹ 수 있다/없다　　La raíz del verbo termina en consonante + 을 수 있다/없다

배울 수 있다: poder leer
기다릴 수 없다: no poder esperar

오늘 밤에 만날 수 있어요?
¿Podemos quedar esta noche?

저는 그 사실을 믿을 수 없어요.
No puedo creerlo.

경복궁 es uno de los palacios reales más grandes construidos durante la dinastía Joseon. Sirvió como palacio principal y edificio gubernamental durante siglos. Hoy en día, muchos turistas lo visitan para realizar un recorrido nocturno y probar la experiencia tradicional de vestir con un Hanbok. Es un lugar de visita obligada en 서울.

Ejercicios

1. Empareja cada palabra con su significado:

1. 경복궁

2. 역사

3. 추천하다

4. 한복

5. 재미있는

6. 잘 모르겠어요

7. 입다

8. 입어보다

a. Ponerse, llevar puesto (ropa)

b. Hanbok

c. Divertido/interesante

d. Probarse (ropa)

e. Palacio Gyeongbokgung

f. Recomendar

g. No estar seguro/a

h. Historia

2. Completa los espacios con el punto gramatical apropiado del cuadro:

☐ 먹어봤어 ☐ 들어본 적이 없어요 ☐ 재미있는
☐ 와본 적이 있어? ☐ 추천해준 적 있어요
☐ 가본 적이 있다 ☐ 꿈을 꿔본 적 있어

*꿈 꾸다: soñar　　　　　*듣다: escuchar

1. 이 음악은 _.

2. 어렸을때 간호사가 되고 싶다는 _ _ _ _ _ _ _ _ _ _ _ _.

3. 한국에 _ _ _ _ _ _ _ _ _ _ _ _ _ _ _ _ _ _.

4. 이 책을 _ _ _ _ _ _ _ _ _ _ _ _ _ _ _ ?

5. _ _ _ _ _ _ _ _ _ _ _ _ _ _ 영화를 보고싶어.

6. 미국에 _ _ _ _ _ _ _ _ _ _ _ _ _ _ _ _ _ _ _.

7. 저번에 한국 왔을 때 김치를 _ _ _ _ _ _ _ _ _ _ _ _.

3. Lee las siguientes oraciones y responde verdadero o falso. Si la oración es incorrecta, cámbiala para corregirla:

1. -(으)ㄴ 적이 있다/없다 se usa para hablar sobre una experiencia. (　)

2. 입다 and 입어보다 significan lo mismo. (　)

3. -아/어/해 보다 se añade después de un sustantivo. (　)

4. -(으)ㄴ 적이 있다/ 없다 se puede hablar para hablar de experiencias futuras. (　)

4. Completa los diálogos con la información entre paréntesis. Usa 반말:

1. A: 어떤 옷을 입을까? 혹시 _______________________?
    (¿puedes recomendarme uno?)

    B: 경복궁에 가서 _______________________?
    (¿qué tal si nos probamos un Hanbok?)

2. A: 너는 이 영화 _______________________?
    (¿Has visto?)

    B: 아니, 한 번도 _______________________.
    (Nunca la he visto)

3. A: 중국에 _______________________?
    (¿has estado en?)

    B: 아니, 일본에는 _______________________ 중국에는
    (he estado en)
    _______________________.
    (no he estado en)

    *중국: China   * 일본: Japón

5. Traduce las siguientes oraciones al coreano usando las palabras de la sección de vocabulario y los puntos de gramática de la sección de gramática:

1. Quiero intentar leer este libro.
    * 책: libro

2. ¿Has trabajado alguna vez en Corea?

3. Ella nunca ha estudiado japonés.
    *일본어: japonés   * 공부하다: estudiar

4. Será una experiencia divertida.

Llevar un vestido tradicional

전통 의상 입기

Lorena y Judy van a una tienda de Hanboks para probarse diferentes tipos de vestidos tradicionales coreanos. Hablan de probarse diferentes colores y tallas. Lorena elige el Hanbok rojo y Judy el amarillo:

Judy: 로레나! 어떤 색깔이 좋아? 여기 색깔 별로 다 있어. 파란색, 빨간색, 노란색!

¡Lorena! ¿Qué color te gusta? Aquí tienen todos los colores. ¡Azul, rojo, amarillo!

Lorena: 나는 빨간색을 좋아해.

Me gusta el rojo.

Judy: 빨간색 한복 한번 입어볼래? (점원에게) 옷 입어봐도 되나요?

¿Quieres probarte el Hanbok rojo? (A el empleado/a) ¿Es posible probarse un traje?

Dependiente: 네, 편하게 입어보세요. 사이즈가 어떻게 되세요?

Sí, pruébeselo cómodamente. ¿Qué talla usas?

Lorena: 작은 사이즈로 주세요.

La pequeña, por favor.

(Lorena se prueba el vestido)

Lorena: 어때? 괜찮아?

¿Qué opinas? ¿Está bien?

Judy: 응 정말 예뻐! 불편하지는 않아?

¡Sí, es muy bonito! ¿No es incómodo?

Lorena: 응! 안 불편해. 오히려 편한데?*

¡No! No es incómodo. ¡Es bastante cómodo!

Judy: 나는 노란색 한복 입어보고 올게. 잠깐 기다려!

Me probaré el Hanbok amarillo. ¡Un momento!

*En este caso, el signo de interrogación se usa para indicar la entonación de la oración, pero observa que no es una pregunta.

Vocabulario

색깔 color	**중간** mediana
파란색 azul	**큰** grande
빨간색 rojo	**괜찮다** estar bien
노란색 amarillo	**불편하다** incómodo
한번 una vez; probar algo	**오히려** es más..., más bien...
편하다 cómodo	**잠깐** un momento
사이즈 talla	**기다리다** esperar
작은 pequena	

Gramática

1 - N 별로

Nombre + 별로   tipos/clase de...

Esta particula se añade a nombres que representan más de un tipo o clase de algo.

색깔 별로: tipos/clase de colores
제품 별로: tipos/clase de productos

저는 모든 음식 별로 먹어보고 싶어요.
Quiero probar todo <u>tipo de comida</u>.

한국에서는 영어와 수학 수업이 보통 수준 별로 나눠져요.
En Corea, las clases de inglés y matemáticas suelen dividirse por <u>(clases de) nivel</u>.

2 - V-(으)ㄹ래(요)

Verbo + (으)ㄹ래(요)　　　　　　　ir a...

Este final expresa la voluntad o la intención del hablante de hacer algo. Sin embargo, carece del matiz de cortesía y formalidad, por lo que normalmente se usa en situaciones coloquiales. También puedes preguntar a otros sus intenciones usando este final en preguntas.

La raíz del verbo termina en vocal　　　La raíz del verbo termina en consonante
+ ㄹ래(요)　　　　　　　　　　　　　+ 을래(요)

나는 이제 잘래.
<u>Voy a dormir</u>.

내일 영화보러 갈래요?
¿Quieres <u>ir a ver</u> una película mañana?

En un restaurante:

A: 뭐 먹을래?　¿Qué <u>vas a comer</u>?

B: 나는 비빔밥 먹을래.　<u>Voy a comer</u> Bibimbap.

3 - A-은데 / V-는데

Adj + 은데 / Verbo + 는데　　[rechazar o discrepar]

Esta terminación se puede usar de varias maneras, entre ellas para contrastar información entre oraciones o para dar más información sobre algo. Sin embargo, nos centraremos en el uso que aparece en el diálogo.

A + 은데 / V + 는데 se usa para rechazar algo de forma educada o para mostrar desacuerdo y luego expresar una opinión diferente.

Raíz de adj

\+ 은데

Raíz de verbo

\+ 는데

A: 이 티셔츠 좀 촌스럽지 않아요?

¿No parece que esta camiseta está pasada de moda?

B: 아니요, 예쁜데요.
<u>No, es bonita</u>. (Opinión diferente).

A: 오늘 같이 영화 볼까요?

¿Quieres que veamos una película juntos/as?

B: 미안해요, 오늘 약속이 있는데요.
Lo siento. Ya tengo planes. (Rechazo educado).

> 오히려   (1) por lo contrario...; (2) es más...
>
> Esta palabra se puede usar en dos situaciones:
>
> | (1) va en contra o es diferente a lo estándar, tus espectativas o suposiciones. | (2) Se usa para conectar dos oraciones, donde la segunda es "mejor" que la primera. |

아침밥을 먹었더니 오히려 배가 더 고파.

Por lo contrario, tengo incluso más hambre después de desayunar. (situación 1)

비가 오네. 오히려 잘 됐다. 밖에 나가기 싫었는데.

Está lloviendo. <u>Es más,</u> no quería salir de todas formas. (situación 2)

한복 es un traje tradicional coreano tanto para hombres como para mujeres. Mientras que las mujeres llevan vestidos de colores, los hombres llevan camisas y pantalones. Esta prenda tradicional es muy conocida por sus colores vibrantes y su estilo elegante. Hoy en día, la gente los usa en ocasiones especiales como celebraciones tradicionales o bodas.

1. Reorganiza las letras para formar una palabra y escribe también su significado:

1. 편/다/하/불:
2. 려/오/히:
3. 리/기/다/다:
4. 간/빨/색:
5. 이/즈/사:
6. 간/중:
7. 색/파/란:
8. 랑/색/노:

2. Subraya el error en las siguientes oraciones y corríjelas:

1. 겨울이 되었더니 오히려 더 추워.

2. 두번 먹어 볼래?

3. 다음주에 스케이트 타러 갈게요?

4. 공부를 했더니 오히려 더 똑똑해지는 것 같아.

5. 파란색 한복 입어가고 올게.

3. Completa los espacios en blanco usando la gramática y el vocabulario que has aprendido en este capítulo y la pista entre corchetes:

1. 어떤 한복의 색깔이 _________? 여기 색깔 별로 다
    _________.   (gustar); (tener)

2. 제가 그 양복을 한번 _______________? (probarse)
    *양복: traje

3. 이 빵집은 케이크 _______________
    진열 되어있습니다.   (differentes tipos)

    *빵집: panadería/pastelería   *케이크: tarta

4. 사이즈가 _____________ 되세요?   (que)

5. 큰 사이즈로 _________________.   (grande);
    (por favor, dame)

4. Organiza las palabras a continuación para escribir una oración:

1. 종류/보고/영화를/싶어/별로/.

*영화: película   * 종류: tipo

2. 알려줄래/고민해보고/한번/?

*알리다: notificar, comunicar

3. 좋은데/오늘/할래요/날씨도/데이트?

*날씨: tiempo, clima   *데이트: fecha

4. 테니까/ 갈/ 엄마랑 / 마/ 같이 /내일은 /걱정/.

5.오히려/봤더니/슬픈/좋아졌어/영화를/기분이/.

*슬프다: triste

5. Traduce las siguientes oraciones al coreano:

1. ¿Quieres probar a jugar al béisbol?
   * 야구하다: jugar al béisbol

2. Quiero escuchar todo tipo de música.
   * 듣다: escuchar   * 음악: música

3. Prefiero tocar el violín que nadar.
   *바이올린을 연주하다: tocar el violín *수영하다: nadar

4. (Esto) No es incómodo. Es más, es bastante cómodo.

5. ¿Quieres ir al parque mañana?
   * 공원: parque

Comer en un restaurante
식당에서 식사하기

Después de caminar un rato por la ciudad, Lorena y Judy tienen hambre y van a un restaurante. Lorena dice que quiere probar la comida tradicional coreana. Veamos qué pasa en el restaurante.

Lorena: 아, 배고프다! 이제 저녁 먹을까?

¡Oh, tengo hambre! ¿Cenamos ya?

Judy: 응! 한국 음식 먹으러 가자. 혹시 매운 음식 좋아해?

¡Sí! Vamos a comer comida coreana. ¿Te gusta la comida picante?

Lorena: 나 매운 음식은 잘 못 먹어. 조금 매운 것은 괜찮아.

No puedo comer comida picante muy bien. Pero un poco picante está bien.

: 그럼 불고기 어때? 불고기는 맵지 않고 달아. 입맛에 맞을 거야.

Entonces, ¿qué tal bulgogi? El bulgogi es dulce y no es picante. Se adaptará a tu gusto.

Lorena: 그래 좋아. 나 불고기 한 번도 안 먹어봤어.

Sí, eso es bueno. Nunca he probado el bulgogi.

(En el restaurante)

: 이모!* 불고기 이인분 주세요.

¡Tía! Dos raciones de bulgogi por favor.

Camarera: 네, 조금만 기다려 주세요. 반찬 가져다 드릴게요.

Sí, por favor espere un poco. Le traeré los platos de guarnición.

: 네, 감사합니다.

Sí, gracias.

En Corea, "tia/tita" es una forma amistosa que se usa muy comúnmente para llamar a camareras de mediana edad.

Vocabulario

배고프다	입맛
tener hambre	sabor
저녁	맞다
cena	adaptarse

먹다 comer	이모 tía (manera amistosa de llamar a las camareras de mediana edad)
매운 picante	
불고기 Bulgogi	이인분 dos raciones
달다 dulce	반찬 guarnición
가져다주다 traer	

Gramática

1 - V-(으)러 가자

Verbo + (으)러 가자/가시죠   vamos/venimos a ...

-(으)러 가다: ir a algún sitio a ...   -자: vamos a ...

Esta terminación es una combinación de -(으)러 y 가자.

-(으)러 se usa cuando uno va o viene de un lugar para hacer algo. Por eso esta terminación va seguida de 가다 o 오다, pero otros verbos como 내려가다/내려오다 (bajar - ir/venir abajo), y 들어가다/들어오다 (entrar/salir) también pueden usarse.

Por otra parte, 가자 usa la terminación -지, que se utiliza para sugerir al oyente hacer algo juntos/as.

Juntos forman -(으)러 가자 y significan 'vamos a hacer juntos/as...'.

Si también quieres sugerir un lugar, solo tienes que añadir su nombre entre ambas palabras y añadirle la partícula -에. Sería algo como -(으)러 lugar 에 가자.

La raíz del verbo termina en vocal	La raíz del verbo termina en consonante
+ 러 가자	+ 으러 가자

밥 먹으러 가자/가시죠: vamos a comer
영화 보러 가자/가시죠: vamos a ver una película

친구를 만나러 공원에 가자.

<u>Vamos al parque a encontrarnos</u> con un amigo.

공연을 보러 행사에 가지.

<u>Vamos al evento para ver</u> el espectáculo.

2 - 한 번도 안 V

한 번도 안 + Verbo	nunca he hecho...

Este patrón es una combinación de 한 번, que significa una vez, y se utiliza para expresar que hemos hecho algo (al menos) una vez. La partícula -도 se añade a 번 para expresar que nunca hemos hecho algo (ni siquiera una vez). Por lo tanto, 한 번도 안 + verbo se usa para expresar que uno nunca ha hecho algo.

나는 미국에 한 번도 안 가봤어.
Nunca he estado en América.

나는 김치를 한 번도 안 먹어봤어.
Nunca he probado el kimchi.

3 - V-아/어/해 주세요

책을 펴 주세요: por favor, abre el libro
집중해 주세요: por favor, concéntrate

저 좀 도와주세요.
Disculpe, ayúdeme por favor.

쥬디 씨, 이 문법 좀 가르쳐 주세요.
Judy, por favor, enséñame este punto gramatical.

Corea es muy conocida por su rica gastronomía. Uno de los platos más famosos es el 불고기, rodajas marinadas de ternera o cerdo.

También conocido como barbacoa coreana, normalmente se cocina en una parrilla o barbacoa. Los platos de guarnición (반찬) también son muy comunes. Además del plato principal, se dan de cinco a siete platos de acompañamiento de forma gratuita. Incluso te los vuelven a llenar gratis.

Ejercicios

1. Empareja cada palabra con su significado:

1. 반찬	a. Adaptarse
2. 저녁	b. Comer
3. 이모	c. Cena
4. 달다	d. Guarnición
5. 배고프다	e. Dos raciones
6. 매운	f. Dulce
7. 가져다주다	g. Picante
8. 먹다	h. Traer

2. Completa los espacios con el punto gramatical apropiado del cuadro:

☐ 한 번도 안	☐ 산책 갈까	☐ 입맛에 맞아
☐ 먹으러 가자	☐ 여행 가자	☐ 써 주세요
☐ 읽어 주세요	☐ 매워요	
*산책 가다: ir a pasear	* 여행하다: viajar	* 쓰다: escribir

1. 종이에 이름을 ___________________.

2. 나는 한국 음식을 _______________ 먹어봤어.

3. 김치는 정말 _______________.

4. 여름에 스페인으로 _______________.

5. 오늘 날씨도 좋은데 _______________?

6. 오늘 저녁에 삼겹살 _______________.

7. 다음 문단을 _______________.

8. 인도 음식 처음 먹어봤는데 _______________.

3. Lee las siguientes oraciones y responde verdadero o falso. Si la oración es incorrecta, cámbiala para corregirla:

1. 한번 도 안 + verbo significa que solo lo he hecho una vez. ( )

2. Solo puedes usar 이모 cuando la mujer es tu tía de verdad. ( )

3. Verbo + ~러 가자 significa vamos a ir a hacer algo. ( )

4. Los platos de acompañamiento son gratuitos. ( )

5. Verbo + 아/어/해 주세요 significa dar algo. ( )

4. Completa los diálogos con la información entre paréntesis. Usa 반말 cuando sea apropiado:

1. A: 이모! 삼겹살 삼인분 __(por favor, espera)___.

   B: 네, 조금만 ____(por favor, danos)_____.

2. A: 그럼 불고기 ______________?
    (qué tal si...?)

    B: 그래 좋아. 나 불고기 ____________________.
       (nunca he probado)

3. A: 아, 너무 ____________네!
       (hambriento)

    B: 그래? 그럼 피자 ____________________.
       (vamos a comer pizza)
    * 피자: pizza

5. Traduce las siguientes oraciones al coreano usando las palabras de la sección de vocabulario y los puntos de gramática de la sección de gramática:

1. ¿Comemos ya?
    * 점심: comida (mediodía)

2. Nunca antes he probado el kimbap.

3. Por favor, escucha esta canción.
    * 듣다: escuchar   * 노래: canción

4. Vamos a jugar al fútbol.
    * 축구하다: jugar al fútbol

Montarse en el KTX
KTX 타기

Lorena y Judy se han ido a Busan, la segunda ciudad más grande de Corea del Sur. Van a tomar el tren exprés (KTX) de la estación de Seúl. Llegan a la estación, compran el billete y van al andén para coger el tren:

Judy: 우리 3시 열차 탈까?

¿Nos vamos en el tren de las tres?

Lorena: 그래! 지금 한시니까 두 시간 남았네. 천천히 준비하자. 부산까지 가는데 얼마나 걸려?

¡Vale! Ya es la una, así que nos quedan dos horas. Preparémonos lentamente. ¿Cuánto tiempo se tarda en llegar a Busan?

Judy: 세 시간 정도 걸려. 먼저 예매해놓자.

Se tarda unas tres horas. Primero hagamos una reserva.

Lorena: 안녕하세요, 세시에 부산으로 가는 ktx 두 명 예약 가능한가요?

Hola, ¿es posible hacer una reserva para dos en el KTX que va a Busan a las tres en punto?

Empleado: 네, 성인 두 분이신가요?

Sí, ¿para dos adultos?

Lorena: 네 맞아요.

Sí, así es.

Empleado: 네, 십만 원입니다. 현금으로 결제하시겠어요 카드로 결제하시겠어요?

Sí, son ₩100.000. ¿Quiere pagar en efectivo o con tarjeta de crédito?

Lorena: 카드로 결제할게요.

Con tarjeta de crédito.

Empleado: 네 알겠습니다. 여기 티켓 두 장 발권해드렸어요. 3번 플랫폼으로 내려가시면 됩니다.

Está bien. Aquí están sus dos billetes. Pueden bajar al andén 3.

Lorena: 감사합니다.

Gracias.

Vocabulario

열차	~까지
tren	hasta
한시	얼마나
1 en punto	cuánto

시간 hora	**정도** aproximadamente
남다 quedar	**걸리다** tardar, durar (tiempo)
천천히 lentamente, despacio	**예매하다** reservar un billete
준비하다 preparar(se)	**예약하다** reservar
가능하다 ser posible	**결제하다** pagar
성인 adulto	**발권하다** emitir un billete
현금 dinero en efectivo	**플랫폼** plataforma
카드 tarjeta de crédito	**내려가다** bajar

Gramática

1 - V-네(요)

> Verb + 네(요)　　[mostrar sorpresa]
>
> Esta terminación verbal se usa para expresar sorpresa por la información que se ha recibido o para estar de acuerdo con algo que alguien ha dicho.

Nota: usando esta terminación con 그렇다, puedes mostrar tu sorpresa diciendo 그렇네!

밥을 빨리 먹었네.
<u>Wow</u>, has comido muy rápido.

분실한 돈을 찾았네.
<u>Oh!</u> Has encontrado el dinero que perdiste.

A: 비가 많이 와요!
Está lloviendo mucho.

B: 그렇네!
Oh, ¡es verdad!

2 - V-(으)니까(요)

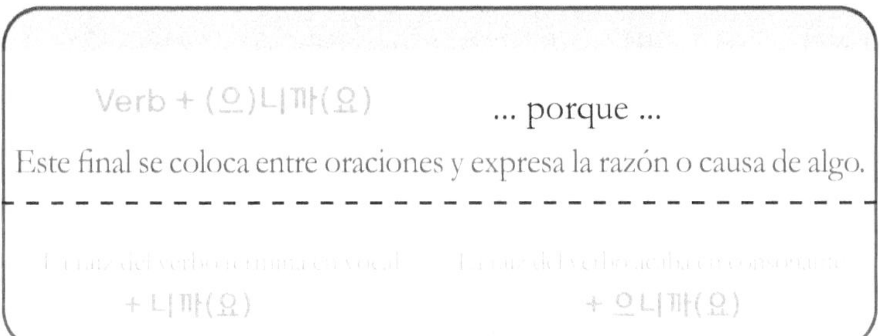

배가 고프니까 밥을 먹자.
Vamos a comer <u>porque</u> tengo hambre.

비가 오니까 안에 들어가자.
Vamos adentro <u>porque</u> está lloviendo.

네가 행복하니까 나도 행복해.

Soy feliz <u>porque</u> tú eres feliz.

3 - V-아/어/해 놓다

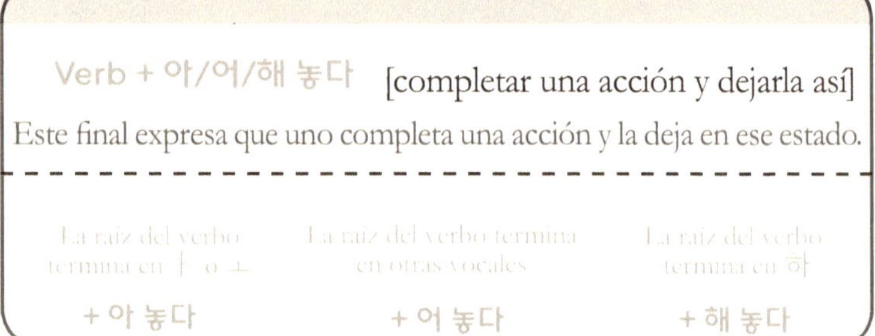

문을 열어 놓아.

Abra la puerta (y déjala abierta).

나는 아침마다 방을 치워 놓는다.

Limpio la habitación todos los días. (La habitación se queda limpia).

엄마는 미리 저녁을 만들어 놓으신다.

Mi madre prepara la cena con antelación. (La cena se queda hecha y está lista para que me la coma).

4 - V-(으)시겠어요?

Verb + (으)시겠어요?   te gustaría...? (formal)

Se usa cuando se sugiere algo al oyente de forma cortés o cuando se pregunta sobre la preferencia o intención del oyente.

La raíz del verbo termina en vocal   La raíz del verbo termina en consonante
+ 시겠어요?   + 으시겠어요?

오늘 밤에 만날 수 있으시겠어요?

¿<u>Te gustaría ver</u> una película?

음악 들으시겠어요?

¿<u>Te gustaría escuchar</u> música?

무엇을 하시겠어요?

¿Qué te <u>gustaría hacer?</u>

내일 저녁 같이 드시겠어요?

¿<u>Te gustaría cenar</u> conmigo mañana?

es el tren más rápido de Corea del sur. Desde 서울, tarda cerca de 2 horas y 45 minutos para llegar a 부산. Cuesta alrededor de ₩ 50,000 por persona. Para ir a 부산, también puedes tomar el bus, que tarda unas 6 horas, y el avión, que tarda menos de una hora.

Ejercicios

1. Reorganiza las letras para formar una palabra y escribe también su significado:

1. 하/매/예/다:

2. 제/하/다/결:

3. 권/다/하/발:

4. 약/예/다/하:

5. 하/비/다/준:

6. 하/능/가/다:

7. 가/다/내/려:

8. 천/히/천:

2. Subraya el error en las siguientes oraciones y corríjelas:

1. 밥을 먹니까 힘이 나.

*힘: energía

2. 동생은 항상 숙제를 미리 하놓는다.

3. 음악 듣시겠어요?

4. 뭐가 하시겠어요?

5. 여기 티켓 두 권 발권해드렸어요.

3. Completa los espacios en blanco usando la gramática y el vocabulario que has aprendido en este capítulo y la pista entre corchetes:

1. 공원에 ___________? (¿vamos a...?)

2. 서울_________ 가는 데 _____________ 걸려?
   (a/hacia); (cuánto)

3. 우와! 한국어 정말 _____________! (bueno)

4. 창문을 열어 _______________. (por favor, deja...)
   *창문: ventana   *열다: abrir

5. 나중에 요가를 같이 _______________?
   (¿te gustaría hacer yoga...?)
   * 요가 하다: hacer yoga   * 나중에: después

4. Organiza las palabras a continuación para escribir una oración:

1. 음식을/할머니께서는/준비해/항상/ 놓으신다/.
   *할머니: abuela

2. 추시겠어요/함께/저와/파티에서/내일 /춤/?
   *춤: bailar

3. 좋은데/오늘/할래요/날씨도/데이트?
   *날씨: tiempo/clima   *데이트: cita

4. 만난다/심심하니까/있으면/혼자/친구를/.
   *심심하다: ser aburrido

5. 됩니다/출구로/1번/나가시면/.

　　*나가다: salir　　　　*출구: salida

5. Traduce las siguientes oraciones al coreano:

1. ¿Te gustaría ir a pescar?

　　* 낚시 가다: ir a pescar

2. Siempre hago los deberes por la tarde.

　　* 오후: tarde　　　　* 숙제: deberes

3. Es tu cumpleaños. Compra lo que quieras. (Usa ~니까)

　　*사다: comprar　　　　* 원하다: querer

4. ¿Puedo hacer una reserva para cuatro?

5. ¿Te gustaría pagar en efectivo o con tarjeta de crédito?

Hacer *check in* en el hotel
호텔 체크인하기

Después de la cena, Lorena y Judy llegan a un hotel y reservan una habitación para pasar la noche. Les gustaría una habitación con vistas al mar. Además, preguntan si ofrecen desayuno al día siguiente:

Receptionista: **안녕하세요, 무엇을 도와드릴까요?** Hola, ¿cómo puedo ayudarte?

Lorena: **안녕하세요, 저희 온라인으로 예약하고 왔는데 지금 체크인 가능할까요?** Hola, hemos hecho una reserva online. ¿Podemos hacer el check in ahora?

Receptionista: 네, 성함이 어떻게 되세요?

Sí, ¿puedo preguntar tu nombre?

Lorena: 로래나요.

Es Lorena.

Receptionista: 오늘 밤 두 분 오션뷰 방으로 예약하신 것 맞죠?

Habéis reservado una habitación con vistas al mar para las dos esta noche, ¿verdad?

Lorena: 네 맞아요. 혹시 내일 아침에 조식도 제공 되나요?

Sí, correcto. ¿Está disponible el desayuno mañana por la mañana?

Receptionista: 네 조식은 아침 7시부터 가능하세요.

Sí, el desayuno está disponible a partir de las 7 de la mañana.

Lorena: 식당은 어디에 있나요?

¿Dónde está el restaurante?

Receptionista: 1층 식당으로 내려가시면 되세요.
방은 6층 605호에요.
오른쪽 엘리베이터를 타시고 6층에 내리시면 왼쪽에 방이 있을 거에요.

Puedes bajar al restaurante en el primer piso. Vuestra habitación es la 605 en el sexto piso. Tomad el ascensor a la derecha y subid al sexto piso. Encontraréis vuestra habitación a la derecha.

Judy: 네, 감사합니다.

Vale, gracias...

Receptionista: 편안한 저녁 되세요.

Que tengáis buena tarde.

Vocabulario

저희 nosotros/as (honorífico de 우리)	성함 nombre (honorífico de 이름)
온라인 online	방 habitación
체크인 check in	아침 mañana
오션뷰 vistas al mar	조식 desayuno
제공되다 estar disponible	혹시 por casualidad, tal vez
식당 restaurante	내리다 bajar(se)
엘리베이터 ascensor	편안한 cómodo

Gramática

1 - V-고 오다/가다

Verbo + 고 오다/가다   ir/venir después de hacer algo

Este patrón gramatical se utiliza para expresar una secuencia de acciones, una tras otra. Particularmente, se utiliza para transmitir una secuencia de acciones antes de que uno venga o vaya a algún sitio.

*Nota el uso de -고, que sirve de nexo entre las acciones de la oración.

청소하고 왔다: He venido después de limpiar. = He limpiado antes de venir. = He limpiado y he venido.

시험 보고 왔다.

He venido después de hacer el examen.

커피 마시고 가자.

Vamos a tomar café antes de irnos.

많이 배우고 갔다.

Me he ido después de aprender mucho.

친구를 만나고 왔어요.

Me he encontrado con un amigo antes de venir.

2 - V-는 것

Verbo + 는 것   [transforma los verbos en nombres]

하는 것: el acto de hacer = el hacer
읽는 것: el acto de leer = el leer

Pero... Pero ¿por qué necesitaría transformar un verbo en un nombre? Para (entre otras cosas):

Usar verbos en patrones que necesitan nombres

저는 사과를 좋아해요.

Me gustan las manzanas.

¡Vamos a reemplazar el nombre [사과] con un verbo transformado!

 Nota que en la traducción al español el verbo se mantiene como verbo en infinitivo.

저는 사과 먹는 것을 좋아해요.

Me gusta (el acto de) <u>comer</u> manzanas.

동생이 숙제하는 것을 도와 줄 거예요.

Voy a ayudar a mi hermano/a con sus deberes.

친구가 웃는 것을 보고 싶어요.

Quiero ver a mi amigo/a <u>sonreir</u>.

 A veces 것 se abrevia a 거. De igual manera, 것이 se puede contraer para formar 게, y 것을 se puede contraer a 걸.

아침 일찍 일어나는 게 힘들어요.

<u>Levantarse</u> por la mañana temprano es difícil.

친구들이랑 노는 걸 좋아해요.

Me gusta <u>salir</u> con mis amigos.

3 - V-는 것 맞죠?

> ### Verbo + 는 것 맞죠?   ¿es correcto que...?
>
> Este patrón se usa confirmar si la información es correcta o no
> Para formarlo, el verbo principal se conjuga en su forma 는 것
> y después se añade 맞죠, que es una combinación de:
>
> 맞다: ser correcto   -지/죠: ¿no? / ¿verdad?

김치를 좋아하는 것 맞죠?

¿Es verdad que te gusta el Kimchi?

내일 오기로 한 것 맞죠?

¿Vienes mañana verdad?

4 - N-도

> ### Nombre + 도   también / otra vez
>
> Esta partícula se añade a nombres cuando quieres expresar
> también u otra vez, dependiendo del contexto.

민지도 학교에 간다고 들었어.

He oido que Minji también va a la escuela.

내일도 눈이 온대.

Mañana nevará otra vez.

Esta partícula también puede significar "además", "así como", o "y". Solo tienes que añadir 도 a los nombres que quieras conectar con estas palabras.

저는 사과도 좋아하고 배도 좋아해요.

Me gustan las manzanas y las peras.

저는 도서관에서도 한국어를 공부하고 집에서도
한국어를 공부해요.

Estudio Coreano en la biblioteca <u>así como</u> en casa.

Nota: usa el verbo dos veces con 도 para sonar más natural.

부산 es una ciudad costera con muchas playas y montañas. Por lo general, los hoteles en 부산 ofrecen habitaciones con vistas al mar, que cuestan un poco más que las habitaciones normales. Es común en Corea del Sur reservar hoteles a través de internet

Ejercicios

1. Empareja cada palabra con su significado:

1. 아침   a. Desayuno

2. 오션뷰   b. Bajar(se)

3. 방   c. Cómodo

4. 성함   d. Mañana

5. 내리다   e. Restaurante

6. 식당   f. Vistas al mar

7. 편안한   g. Habitación

8. 조식   h. Nombre (hon.)

2. Completa los espacios con el punto gramatical apropiado del cuadro:

□ 편안한	□ -도	□ 조식
□ 고 갔다	□ 성함	
□ 은 것 맞죠	□ 고 왔다	

1. 어제 친구 집에서 자________________.

2. ________________은 아침 8시부터 시작됩니다.

3. 슬기는 영어________잘 하고 스페인어 ______ 잘해.

4. 오른쪽 상단에 ____________을 써주세요.

5. 한국어를 공부하고 싶____________?

6. 친구들 덕분에 ____________여행을 할 수 있었어.

7. 학교에서 많이 연습하____________.

3. Lee las siguientes oraciones y responde verdadero o falso. Si la oración es incorrecta, cámbiala para corregirla:

1. -한 것 맞죠? se usa cuando no estás seguro de algo y quieres una confirmación. (   )

2. El nombre de tus amigos se expresa con la palabra 성함. (   )

3. -도 solo puede añadirse a nombres. (   )

4. 내려가다 y 내리다 significan bajar. (   )

5. -고 오다 y -고 가다 se pueden añadir a verbos. (   )

4. Completa los diálogos con la información entre paréntesis:

1. A: 오늘 8시에 저녁 식사 예약하신 ____________?
   (verdad)

   B: 네, ____________.
   (es correcto)

2. A: 도서관은 ____________ 있나요?
   (donde)

   B: 1층으로 ____________ 되세요.
   (si bajas)

3. A: __________이 어떻게 되세요?
   (nombre -honorífico-)

   B: 하나요. 내일_______은 몇 시_______인가요?
      (desayuno)   (desde)

5. Traduce las siguientes oraciones al coreano usando las palabras de la sección de vocabulario y los puntos de gramática de la sección de gramática:

1. Mañana lloverá otra vez.

   * 내일: mañana

2. Te gusta la música pop, ¿verdad?

   * 팝 음악: música pop

3. He venido después de cenar.

4. Me fui después de leer un libro.

5. Bebo café los lunes y los viernes.

   * 마시다: beber

Ir al mercado
시장 가기

A la mañana siguiente, Lorena y Judy deciden ir de compras. Visitan 국제, el mercado tradicional más grande de Busan. Buscan diferentes tiendas y preguntan por precios y descuentos:

: 로래나! 시장에서 뭐 구경하고 싶어?

Lorena! ¿Qué quieres ver aquí, en el mercado?

Lorena: 나 부산 특산물을 사고 싶은데 어디로 가면 좋을까?

Me gustaría comprar algunas especialidades de Busan. ¿A donde deberíamos ir?

Judy: 잘 모르겠네. 한번 돌아다녀 볼까?

No lo sé. ¿Vamos a dar la vuelta?

Lorena: 그래!

¡Vale!

(En el mercado)

Judy: 여기 잠깐 보고 가자. 부산은 해산물이 유명해. 특히 김, 회, 어묵이 신선해.

Echemos un vistazo aquí. Busan es famoso por el marisco. Especialmente tienen algas frescas, sashimi y pastel de pescado.

Lorena: 맛있겠다! 시식해 볼 수 있나?

¡Se ve delicioso! ¿Podemos probarlo?

Judy: 아주머니, 혹시 김 먹어볼 수 있어요?

Disculpe, ¿podemos probar las algas?

Vendedor: 여기 김 잘라놓은 거 한번 먹어 봐. 이것만 있으면 밥 한 그릇 뚝딱이야.

Prueba esta que he cortado. Te puedes terminar fácilmente un plato de arroz con esto.

Lorena: 맛있어요. 이거 얼마에요?

Está delicioso. ¿Cuánto cuesta?

Vendedor: 원래 열 팩에 팔천 원인데 아가씨들 예쁘니까 칠천 원에 줄게.

Por lo general, cuesta ₩8000 por 10 paquetes pero como sois bonitas, os lo dejo en ₩7000.

Judy: 조금만 더 깎아주시면 안 돼요? 저희 서울에서 멀리서부터 왔으니 조금만 더 깎아주세요.

¿Puedes hacerlo un poco más barato? Venimos desde Seúl, así que danos más descuento (por favor).

Vendedor: 그래. 육천 오백 원만 받을게.

Bien. entonces serán ₩6500.

Vocabulario

시장 mercado	돌아다니다 dar una vuelta
구경하다 echar un vistazo	해산물 marisco
특산물 especialidad	유명하다 famoso/a
모르다 no saber	특히 especialmente, particularmente
신선하다 fresco/a	팩 pack
김 alga	자르다 cortar
회 sashimi	원래 inicialmente, originalmente

어묵 pastel de pescado	깎다 dar un descuento
시식하다 probar	멀리 lejos
밥 한 그릇 뚝딱이다 terminarse un bol de arroz fácilmente	

Gramática

1 - V-(으)면 좋을까(요)?

Pi + V + (으)면 + 좋을까?

¿Dónde/Cuándo/Qué/Como... debería alguien hacer algo?

Este patrón es una combinación de una palabra interrogativa (어디, 언제, 뭐, 어떻게...), un verbo que termina en -(으)면, y el verbo 좋다 con la terminación -을까.

Usamos este patrón para pedirle consejo a alguien sobre lo que cree que es la mejor manera de hacer algo. De hecho, 좋을까, literalmente significa "qué sería bueno...".

Pi: pronombre interrogativo

La raíz del verbo termina en vocal	La raíz del verbo termina en consonante
+ 면 좋을까?	+ 으면 좋을까?

어디를 가면 좋을까?

¿Dónde deberíamos ir?

언제 보면 좋을까?
¿Cuándo deberíamos quedar?

어떻게 표현하면 좋을까요?

¿Cómo debería expresarlo?

2 - 원래 A-(으)ㄴ데 / V-는데(요)

원래 + Adj (으)ㄴ데 / Verbo +는데(요)

solía... pero...

En el capítulo 4, vimos el uso de verbo + 는데(요) para rechazar algo de forma educada o para mostrar tu desacuerdo. En esta ocasión, se usa para conectar dos oraciones y mostrar contraste entre ellas.

노래는 못하는데 춤을 잘 춰요.

No puedo cantar <u>pero</u> puedo bailar bien.

방이 좀 작은데 정말 깨끗해요.

La habitación es pequeña <u>pero</u> muy limpia.

Luego puedes añadir 원래 a la primera oración para indicar cómo algo era originalmente, y entonces añadir el verbo con la terminación -ㄴ/는데(요) para expresar el contraste e indicar cómo ha cambiado.

원래 착한 아이였는데 갑자기 변했어.

<u>Solía ser</u> un buen chico <u>pero</u> cambió de repente.

*이다 = 이 + ㄴ데요 = 인데요

원래 건강했는데 요즘 조금 아프대.

<u>Solía tener</u> buena salud <u>pero</u> recientemente enfermó.

3 - V-(으)면 안 돼요

Este patrón es una combinación de verbo -(으)면 y 안 되다 para indicar que habrá un problema cuando/si ocurre algo.

La raíz del verbo termina en vocal   La raíz del verbo termina en consonante

+ 면 안 되다   + 으면 안 되다

여기 오면 안 돼요?

<u>¿Puedes venir</u> aquí?

내일 공부하면 안 돼요?

<u>¿Podemos estudiar</u> mañana?

기다려주시면 안 돼요?

<u>¿Puedes</u> <u>esperarme?</u>

En los mercados tradicionales, los vendedores suelen usar 반말 (lenguaje informal), especialmente cuando los clientes parecen más jóvenes que ellos. Esto no tiene la intención de ofender a nadie, sino de crear una atmósfera más acogedora. Además, es habitual pedir y dar descuentos.

1. Reorganiza las letras para formar una palabra y escribe también su significado:

1. 경/하/구/다:

2. 다/다/아/니/돌:

3. 하/식/시/다:

4. 명/유/다/하:

5. 르/자/다:

6. 선/신/다/하:

7. 르/모/다:

8. 산/특/물:

2. Subraya el error en las siguientes oraciones y corríjelas:

1. 원래 하얀색이고 검정색처럼 보여.

2. 같이 여행 가면 안 해요?

3. 어떻게 내 마음을 표현하면 좋은까
*마음: sentimientos   *표현하다: expresar

4. 이것만 있으면 국 한 그릇 뚝딱이야.

5. 맛있겠다! 시식가볼 수 있나?

3. Completa los espacios en blanco usando la gramática y el vocabulario que has aprendido en este capítulo y la pista entre corchetes:

1. 밥을 지금 먹으_____________? (¿podemos...?)

2. ___________ 하면 좋을까? (qué)

3. ________ (solía...) 겨울에는 더 추웠______ (pero...) 지금은 기온이 온화해요.

4. 어디로 가면 좋을_________? (deberíamos ir)

5. 원래 더 빨리 달렸_________ 지금은 느려요.(pero...)
   *느리다: lento

4. Organiza las palabras a continuación para escribir una oración:

1. 과학을/원래/생겼어/심리에/좋아했는데/관심이/갑자기/.
   *과학: ciencia   *심리: psicología
   *관심: interés   *생기다: convertirse

2. 돼요/안/순서/바꿔주시면/?
   *순서: orden   *바꾸다: cambiar

3. 대화를/좋을까/시작하면/어떻게/?
   *대화: conversación   *시작하다: empezar

4. 더/돼요/깎아주시면/조금만/안/?

5. 목걸이를/나/사고/가면/싶은데/어디로/좋을까?
   *목걸이: collar

5. Traduce las siguientes oraciones al coreano:

1. ¿Cuándo deberíamos viajar?

2. Solía ser introvertido/a pero ahora soy extrovertido/a.
   *내향적: introvertido/a   *이제: ahora
   *외향적: extrovertido/a

3. Es tu cumpleaños. Compra lo que quieras. (Usa ~니까)
   *사다: comprar   *원하다: querer (algo material)

4. ¿Puedes venir conmigo?

5. Por favor, dános más descuento.

Salir de noche

야경 보기

Lorena y Judy caminan por 해운대, la playa más famosa de Busan. Hablan de lo bonito que es el paisaje, de lo diferente que es de las playas de España y luego van a tomar algo:

Judy: 로래나, 이제 우리 해운대로 야경 보러 갈까?

Lorena, ¿vamos a 해운대 para ver las vistas nocturnas?

Lorena: 그래 좋아! 나도 해운대에서 야경을 꼭 봐야한다고 들었어.

¡Claro! He escuchado muchas veces que ver las vistas nocturnas de 해운대 es imprescindible.

(En 해운대)

Lorena: 우와 바다다! 너무 예쁘다.

¡Wow, la playa! Es preciosa.

: 진짜 예쁘다. 저기 다리 보여? 저건 광안대교야.

Sí que lo es. ¿Puedes ver el puente de allí? Es el puente 광안대교.

Lorena: 바다랑 건물이랑 정말 아름다워. 부산이 이렇게 아름다운 줄 알았다면 진작 왔을 텐데.

La playa y los edificios son tan bonitos. Habría venido antes si hubiera sabido que Busan era tan bonito.

: 그렇지? 스페인 바다랑 많이 달라? 너 스페인 남부에서 왔잖아!

¿Verdad? ¿Es muy diferente de la playa en España? ¡Eres del sur de España!

Lorena: 응. 스페인 바다랑 조금 달라. 부산에는 건물이 더 많고 사람도 훨씬 많아.

Sí. Es bastante diferente a la playa de España. En Busan, hay más edificios y más personas.

: 그렇구나. 우리 조금 산책하다가 맥주 마실까?

Ya veo. ¿Quieres dar un paseo y tomarte una cerveza?

Lorena: 그래! 저기 편의점에 가서 맥주 사자.

¡Sí! Tomemos una cerveza en la tienda "de conveniencia".

: 소주 좋아해? 소주도 괜찮으면 소주도 마시자.

¿Te gusta el soju? Si quieres vamos a probarlo.

Lorena: 나 한 번도 안 먹어 봤어. 도전해볼게!

Nunca lo he probado. ¡Lo probaré!

Vocabulario

해운대 playa más famosa de Busan	**다리** puente
야경 vistas nocturnas	**광안대교** puente de Gwangan
바다 mar	**산책** paseo
건물 edificio	**맥주** cerveza
진작 antes (arrepentimiento o culpa en el pasado)	**소주** soju (bebida nacional coreana)
남부 (parte) sur	**편의점** tienda de conveniencia
훨씬 mucho más	**도전하다** probar

Gramática

1 - A/V-(ㄴ)다고 듣다

Adj/Verbo + (ㄴ)다고 듣다   escuchar que...

Esta estructura gramatical se puede utilizar para hablar de algo que has escuchado antes.

La raíz del verbo/adj termina en vocal	La raíz del verbo/adj termina en consonante
+ ㄴ다고 듣다	+ 다고 듣다

내년에 미국에 간다고 들었어요.

He oído que te vas a America el año que viene.

어머니께서 많이 슬퍼하신다고 들었어요.

He escuchado que tu madre está muy triste.

수업 잘 해주신다고 많이 들었어요.

He oído mucho que eres buen/a profesor/a.

2 - V-았/었/해다면.. V-았/었/했을 텐데

Verbo + 았/었/해다면 ... Verbo + 았/었/했을 텐데

si hubiese ..., habría...

Este patrón se utiliza para expresar una hipótesis sobre una situación pasada que es opuesta a lo que realmente sucedió. Puede transmitir el arrepentimiento del hablante por un evento pasado o su alivio por no hacer algo.

Es una combinación de la terminación verbal -았/었/해다면 que significa "si hubiese ...", seguida por Verbo 았/었/했을 텐데, que significa "habría…".

La raíz del verbo termina en ㅏ o ㅗ	La raíz del verbo termina en otras vocales	La raíz del verbo termina en 하
+ 았다면	+ 었다면	+ 했다면
La raíz del verbo termina en ㅏ o ㅗ	La raíz del verbo termina en otras vocales	La raíz del verbo termina en 하
+ 았을 텐데	+ 었을 텐데	+ 했을 텐데

Esta expresión es equivalente a Verbo 았/었으면 Verbo 았/었/했을 거예요.

일찍 준비했다면 지각하지 않았을 텐데.

No habría llegado tarde si me hubiera preparado temprano. (Esta persona siente arrepentimiento de no haberse
preparado antes).

집중했다면 실수하지 않았을 텐데.

No habría cometido errores si me hubiera concentrado.
(Esta persona lamenta no haberse concentrado).

엄마 생일을 잊어버렸다면 큰일 날뻔했을 텐데.

Si hubiera olvidado el cumpleaños de mi madre, me habría
metido en un gran problema. (Esta persona siente alivio por
no haberse olvidado).

3 - A/V/이다-잖아(요)

> ### Adj/Verbo/이다 + -잖아(요)　　　ya sabes...
>
> Esta terminación se añade a adjetivos, verbos, y (안)이다 y se
> usa cuando tanto el hablante como el oyente conocen un hecho.
>
> En otras palabras, cuando hablas con alguien que ya sabe (o
> debería saber) de lo que estás hablando, y le estás afirmando que
> conoce (o debería conocer) este hecho.
>
> En español, se puede traducir como "como ya (deberías) sa-
> ber", "¿sabes?" or "no olvides que...".

*En los mensajes de texto, esta terminación a menudo se
abrevia como -자나.

너 공부 잘 하잖아.

Ya sabes, eres buen/a estudiante.

이게 아니잖아.

Sabes que este no es.

A: 왜 선물을 이렇게 많이 사요?

¿Por qué compras tantos regalos?

B: 다음 주에 크리스마스잖아!

Ya sabes, ¡la semana que viene es Navidad!

 Esta terminación a menudo se añade al verbo 맞다, para formar 맞잖아(요), y la puedes usar cuando ganas una discusión:

내 말이 맞잖아요!

¡Te dije que tenía razón!

La bebida tradicional coreana es el 소주, una bebida alcohólica incolora. Tradicionalmente elaborado con arroz, ahora se elabora con trigo, batatas y tapioca. Los coreanos suelen mezclar el 소주 con muchas otras bebidas como cerveza, yogur y sprite.

Ejercicios

1. Empareja cada palabra con su significado:

1. 바다   a. Edificio

2. 야경   b. Probar

3. 맥주   c. Soju

4. 편의점   d. Paseo

5. 건물   e. Mar

6. 도전하다   f. Vistas nocturnas

7. 산책   g. Tienda de conveniencia

8. 소주   h. Cerveza

2. Completa los espacios con el punto gramatical apropiado del cuadro:

□ 간다고 들었다 □ 없잖아요   □ 한 번도 안
□ 좋아하잖아요 □ 훨씬   □ 유명하다고 들었다
□ 먹었다면   □ 않았을 텐데
*없다: no tener   *유명하다: ser famoso

1. 내일 놀이공원에 ___________________.

2. 한국 아이돌 ___________________.

3. 아침을 ______________배가고프지 _____________.

4. 공부할 시간이 ______________.

5. 나는 영어가 수학보다 _________ 재밌다고 생각해.

6. 유럽에서 방탄소년단이 __________________.

7. 나는 일본 음식을 _______________ 먹어봤어.

3. Lee las siguientes oraciones y responde verdadero o falso. Si es incorrecta, cámbiala para corregirla:

1. -했다면 -했을텐데 se refiere a una acción futura. ( )

2. -잖아 significa que alguien conoce algo muy bien. ( )

3. 진작 se usa en un contexto positivo. ( )

4. 훨씬 significa "un poco más". ( )

5. -한다고 듣다 significa que alguien está mencionando un hecho ya conocido. ( )

4. Completa los diálogos con la información entre paréntesis:

1. A: 서울에서 축제가 많이 열린다고 _______________.
   (oído)

   B: 맞아. 부산보다 _______________ 많이 열려.
   (mucho más)

2. A: 이렇게 추운 줄 ___________ 더 따뜻하게
   (hubiera sabido)
   ___________.
   (me habría vestido)
   *알다: to know
   B: 내가 말했_________!
   (¡te lo dije!)

3. A: 이탈리아는 여름에 덥다고 _ _ _ _ _ _ _ _ _ _ _ _.
     (escuchado)
     *여름: verano

     B: 나는 더운 것 싫어해. 그럼 겨울에 _ _ _ _ _ _ _ _ _ _ _.
     (vamos)
     *겨울: invierno

5. Traduce las siguientes oraciones al coreano usando las palabras de la sección de vocabulario y los puntos de gramática de la sección de gramática:

1. Si tuviera más dinero, habría viajado más.
    *돈: dinero

2. He oído que Corea tiene muchos monumentos.
    *문화유산: monumento

3. Jisu tiene muchos más amigos que Minsu.

4. Como ya sabes, la química es difícil.
    *화학: química   *어렵다: difícil

Presentar a un amigo/a
친구 소개하기

Lorena y Judy van a reunirse con Nuri, la amiga de la universidad de Judy. Nuri, ha nacido y se ha criado en Busan, y por eso habla con un dialecto. Sin embargo, Nuri quiere asegurarse de que Lorena entienda, por lo que intenta hablar en coreano estándar:

Judy : 누리야 안녕! 오랜만이다. 잘 지냈어?

¡Hola Nuri! Ha pasado mucho tiempo. ¿Cómo has estado?

Nuri : 안녕! 난 잘 지냈지. 대학교 때 이후로 처음 보네. 오랜만이다.

¡Hola! He estado bien. ¡Cuanto tiempo! Es la primera vez que nos vemos después de la universidad.

Judy : 여기는 내 친구 로레나야. 스페인에서 왔어. 인사해!

Esta es mi amiga Lorena. Ella es de España. ¡Saluda!

Lorena: 안녕하세요 저는 로래나라고 해요. 저는 스페인에서 왔어요. 만나서 반갑습니다.

Hola, me llamo Lorena. Soy de España. Encantada de conocerte.

: 안녕하세요! 로래나 우리랑 동갑이지? 그럼 말 편하게 하자.

¡Hola! Lorena, tienes la misma edad que nosotras, ¿verdad? Entonces hablemos de manera informal.

Lorena: 응 그래!

¡Claro!

Judy: 누리야, 사투리 때문에 로래나가 이해하기 힘들 수도 있으니까 천천히 말해줘.

Nuri, puede que a Lorena le resulte difícil entenderte debido a tu dialecto, así que habla despacio.

Lorena: 응, 맞아. 천천히 말할 수록 좋아.

Sí, tienes razón. Cuanto más lento mejor.

: 그렇지 않아도 일부러 표준어 하려고 생각하고 있었어!

De hecho, he estado pensando en usar intencionadamente el lenguaje estándar.

Judy: 듣고 보니 그렇네? 갑자기 네가 표준어 하니까 적응이 안 돼.

Ahora que te escucho, ¡tienes razón! Es bastante raro verte hablar en coreano estándar.

Vocabulario

이후로	사투리
desde	dialecto
처음	이해하다
primero	entender

인사하다	천천히
saludar	despacio
동갑	적응하다
la misma edad	adaptar(se)
일부러	예매하다
a propósito, intencionalmente	sugerir hablarse casual (반말)
표준어	
lenguaje estándar	

Gramática

1 - V-(으)ㄹ 수도 있다

> Verbo + (으)ㄹ 수도 있다   puede que...
>
> Esta terminación es una combinación de -(으)ㄹ 수 있다 y -도, y literalmente significa "también está la posibilidad de...", aunque normalmente se traduce como "puede que...".
>
> -
>
> La raíz del verbo termina en vocal   La raíz del verbo termina en consonante
> + 면 좋을까?   + 으면 좋을까?

나 내일 떠날 수도 있어.

<u>Puede que</u> me <u>marche</u> mañana.

지금 눈 올 수도 있어.

<u>Puede que nieve</u> ahora.

저 내일 시간이 없을 수도 있어요.

Puede que mañana no tenga tiempo.

Fíjate que no se usa -(으)ㄹ 수도 없다 como la forma negativa de este patrón, sino que en su lugar conjugas 없다 usando el mismo, formando así 없을 수도 있다: Puede que no tenga...

Si quieres usar la forma negativa "puede que no" con otros vebos que no tienen una connotación negativa solo añade 안 o 못 antes de este patrón como lo harías con para negar cualquier otra forma verbal.

저 내일 못 올 수도 있어요.

Puede que mañana no venga aquí.

2 - A/V/이다-(으)ㄹ수록

Adj/Verbo/이다 + (으)ㄹ수록

cuanto más... más...

- -

La raíz del adj/verbo termina en vocal o (안)이다

La raíz del adj/verbo termina en consonante

+ ㄹ수록

+ 을수록

여행을 많이 다닐수록 시야가 넓어진다.

Cuanto más viajes, más amplios serán tus horizontes.

잠을 많이 잘수록 집중이 잘 된다.

Cuanto más duermas, más concentrado estarás.

운동을 할수록 건강해질 것이다.

Cuanto más hagas ejercicio, más saludable estarás.

3 - V-고 보니(까)

después de ... me he dado cuenta de que

Esta estructura gramatical se usa para expresar que te has dado cuenta de algo o has aprendido algo después de realizar una acción.

신발을 신고 보니 동생 거였어요.

Ahora que me he puesto estos zapatos, me he dado cuenta de que son de mi hermano.

시작하고 보니 생각 보다 어렵다.

Ahora que he empezado, me he dado cuenta de que es más difícil de lo que pensaba.

공부를 하고 보니까 어렵지 않았어요.

Después de estudiar, me he dado cuenta de que no es tan difícil.

4 - 그렇지 않아도

de hecho..., justo...

Este patrón se usa antes de una frase cuando el hablante justo estaba pensando en algo similar a lo que acaba de oir o cuando estaba a punto de hacer lo que se ha dicho en la frase anterior. En español se traduce como "de hecho" o "justo".

Nota: 사실 es un nombre que expresa algo similar y que puede usarse en lugar de 그렇지 않아도.

(Al teléfono)

A: 여보세요.
Hola.

B: 그렇지 않아도 너한테 전화하려고 했어.
Hola, justo estaba a punto de llamarte.

A : 주말에 여행갈래요?
Vámonos de viaje este fin de semana.

B : 그렇지 않아도 나도 그런 생각을 했어요.
De hecho, eso es lo que estaba pensando.

En 부산, la gente tiene un dialecto fuerte. A menudo se presenta en los medios como cuqui y cariñoso (애교). A diferencia del coreano estándar, el dialecto de Busan es muy tonal, tiene entonación variable. Además, cuando la gente se conoce por primera vez, se usa el honorífico (존댓말) y luego, cuando conocen la edad de cada uno, comienzan a hablar de forma informal.

Ejercicios

1. Reorganiza las letras para formar una palabra y escribe también su significado:

1. 준/어/표:

2. 하/사/인/다:

3. 하/이/해/다:

4. 응/적/다/하:

5. 부/일/러:

6. 리/투/사:

7. 말/반:

8. 편/말/하/하/을/게/다:

2. Subraya el error en las siguientes oraciones y corríjelas:

1. 배가 가라앉을 수도 없어.
   *배: barco   * 가라앉다: hundirse

2. 글을 많이 쓸 수록 더 안 좋은 작가가 될 수 있다.
   *글: escritura   *작가: autor

3. 경험해 보고 생각보다 쉬웠다.
   *경험하다: experimentar

4. 우리 동갑이지? 그럼 말 불편하게 하자.

5. 갑자기 네가 영어 하니까 적응이 잘 돼.

3. Completa los espacios en blanco usando la gramática y el vocabulario que has aprendido en este capítulo y la pista entre corchetes:

1. 선생님 오늘 __________수도 있어. (puede que no ...)

2. 음식을 시키__________ 돈이 모자라더라고요.
   (después de ... me di cuenta de...)

3. __________할수록 똑똑해져요. (cuanto más estudies)

4. 지하철에서 내리__________ 가방을 찾을 수 없었어요. 지하철에 놓고 내렸어요.   (depués de... me di cuenta de que...)

5. 오늘 비 __________ 있어요.   (puede que)

4. Organiza las palabras a continuación para escribir una oración:

1. 있어/그녀가/다시/수도/돌아올/.

2. 시험을/수록/공부를/할/많이/잘/수/있어/볼/.
   *시험: examen

3. 잘/엄마가/수/마음을/되었다/있게/이해할/엄마의/되고
   보니/.

4. 처음/때/고등학교/보네/이후로/.
   *고등학교: instituto   *때: vez

5. 그렇지/가려고/부산에/않아도/했어/.

5. Traduce las siguientes oraciones al coreano:

1. Puede que no vaya a hacer senderismo mañana.
    *등산: hacer senderismo

2. Cuanto más trabajes, más dinero ganarás.
    *돈을 벌다: ganar dinero

3. Ahora que lo entiendo, es más fácil de lo que pensaba.
    *쉽다: fácil

4. De hecho, he estado intentando llamarte.
    *전화하다: llamar

5. Ha pasado mucho tiempo. ¿Cómo has estado?

Entender las diferencias culturales

문화 차이 이해하기

Después de conocer a Nuri, Lorena y Judy van a una heladería para tomar Bingsu. Hablan de algunas de las diferencias culturales que ha experimentado Lorena durante su viaje. Esta habla de dar propinas y hablar informalmente:

Judy: 로래나! 우리 빙수 먹으러 갈까? 인절미 빙수 먹자.

¡Lorena! ¿Vamos a por 빙수? Comamos 인절미 빙수.

Lorena: 그래! 빙수 한 번도 안 먹어 봤어. 먹으러 가자!

¡Claro! Nunca he probado el 빙수 . ¡Vamos a comer!

(En la tienda de 빙수)

Jorge: 이제 스페인 다시
돌아가기까지 시간이
별로 안 남았네. 벌써
가다니! 너무 아쉽다.

No falta mucho para que regreses a España. ¡No puedo creer que ya vayas a volver! Qué pena.

Lorena: 그러게 나도
너무 아쉬워.
그동안 정말 재밌었어.

A mí también me da pena. Me he divertido mucho.

Jorge: 뭐가 제일 인상
깊었어?

¿Qué te ha impresionado más?

Lorena: 나는 문화
차이가 가장 흥미로웠어.

Creo que las diferencias culturales son interesantes.

Jorge: 예를 들어?

¿Cómo por ejemplo?

Lorena: 우선, 팁을 안
내는 거! 나는 네가
팁을 안 내길래 깜빡한
줄 알았어.

En primer lugar, ¡no se deja propina! Pensaba que te habías olvidado porque no dabas propina.

Jorge: 아 그랬구나.
한국에서는 팁을 거의 안 내.

Ah, ya veo. En Corea apenas damos propina.

Lorena: 그래서 팁을
내고 나올 뻔했는데 주변
사람들 보니 안 내더라고.

Casi doy propina cuando salí, pero mirando a mi alrededor no vi a nadie dar propina.

Jorge: 맞아. 한국어
중에서는 헷갈리는 거
없었어?

Cierto. ¿Y te ha confudido algo sobre el coreano?

Lorena: 존댓말과
반말이 제일
헷갈렸어. 실수할까 봐
조마조마했어.

Los honoríficos y hablar informal ha sido lo más confuso. Me preocupaba cometer un error.

Judy: 맞아. 처음 본 사람에게는 존댓말, 너보다 어린 사람에게는 반말을 하면 돼.

Sí. Tienes que usar honoríficos cuando conoces a alguien por primera vez y puedes hablar de forma informal a las personas más jóvenes que tú.

Lorena: 응 알겠어. 빙수 다 녹겠다. 얼른 먹자!

Ya veo. Se derrite el 빙수. ¡Vamos a comer!

Vocabulario

벌써 ya	**팁을 내다** dar propina
아쉽다 triste	**깜빡하다** olvidar
인상깊다 impresionar	**주변** alrededor
제일 el más	**헷갈리다** difícil, confuso
가장 el más	**실수하다** cometer un error
차이 diferencia	**조마조마하다** tener miedo
문화 cultura	**녹다** derretir(se)
예를 들다 dar un ejemplo	**얼른** rápidamente
그동안 hasta ahora; en este momento, mientras	

Gramática

1 - V-(으)ㄹ 뻔했다

> Verbo + (으)ㄹ 뻔했다   casi he...
>
> Esta terminación verbal se usa para expresar que un evento o acción casi sucede, pero no sucedió. En la mayoría de los casos, muestra el alivio del hablante porque el evento no sucedió.
>
> -
>
> La raíz del verbo termina en vocal   La raíz del verbo termina en consonante
>   + ㄹ 뻔했다   + 을 뻔했다

사고가 날 뻔했다.

<u>Casi he tenido</u> un accidente.

울 뻔했다.

Casi lloro.

소리 지를 뻔했다.

Casi grito.

모자를 잃어버릴 뻔했어요.

<u>¡Casi olvido</u> mi sombrero!

Este patrón puede reemplazar a Verb -았/었/했을 텐데 en V~았/었/해다면 V~았/었/했을 텐데 para hacer hipótesis.

빨리 병원에 가지 않았다면 큰일 날 뻔했어요.

Si no hubiera ido al hospital rápido, tendría un gran problema.

2 - A/V-(으)ㄹ까 봐

Adj/Verbo + (으)ㄹ까 봐

tener miedo de que..., estar preocupado de que...

Este patrón indica que el hablante está realizando la acción que se indica en la segunda oración por temor o preocupación de que la situación en la primera oración ocurra.

- -

La raíz del verbo termina en vocal   La raíz del verbo termina en consonante

+ ㄹ까 봐   + 을까 봐

네가 아플까 봐 걱정했어.
<u>Estaba preocupado/a de que</u> pudieras estar enfermo/a.

네가 우울할까 봐 전화했어.

Te he llamado porque <u>tenía miedo de que</u> te deprimieras.

시험을 너무 못 봤어요. 시험에 떨어질까 봐 걱정이에요.

No me ha salido bien el examen. <u>Me temo que</u> no aprobaré.

3 - A/V-길래/기에

Adj/Verbo -길래/기에   debido a... he...

Esta terminación se usa para indicar que la acción en la segunda oración ocurre debido a lo que se indica en la primera. En español, es algo como "debido a ... he hecho ...".

할인하길래 몇 개 샀어.

He comprado uno porque estaba de rebajas.

전화 안 받길래 자는 줄 알았지.

Pensaba que estabas dormido porque no cogías el teléfono.

덥길래 에어컨을 켰어.

Debido a que hacía calor, he encendido el aire acondicionado.
= He encendido el aire acondicionado porque hacía calor.

¿Cuál es la diferencia?

-길래	-기에 = -기 때문에
Es la version coloquial de -기에, ampliamente utilizada en la lengua hablada.	Es la versión formal y se usa en el lenguaje escrito.

빙수 Es un postre de hielo raspado con aderezos y pasta de frijoles rojos. Es un postre coreano famoso, especialmente en verano. Hay muchos tipos de 빙수 con diferentes aderezos y frutas como melón y fresa. Uno de los elementos del menú más populares es el 인절미 빙수, un postre con pastel de arroz y frijoles en polvo.

Ejercicios

1. Empareja cada palabra con su significado:

1. 주변   a. Difícil, confuso

2. 헷갈리다   b. Ya

3. 실수하다   c. Olvidar

4. 아쉽다   d. Tener miedo

5. 벌써   e. Alrededor

6. 조마조마하다   f. Dar propina

7. 팁을 내다   g. Cometer un error

8. 깜빡하다   h. Triste

2. Completa los espacios con el punto gramatical apropiado del cuadro:

> ☐ 잘 뻔했어   ☐ 밥먹은줄 알았어 ☐ 벌써
>
> ☐ 온다고 하길래 ☐ 조마조 마했어 ☐ 부딪칠 뻔했어
>
> ☐ 비가 올까봐   ☐ 흥미로웠어
>
> *자다: dormir   *부딪치다: ser atropellado   * 흥미롭다: emocionante

1. 네가 배부르다고 하길래＿＿＿＿＿＿＿＿＿＿＿＿＿.

2. 이 영화는 매우 ＿＿＿＿＿＿＿＿＿.

3. 마감일을 지키지 못할까봐 _ _ _ _ _ _ _ _ _ _ _ _ _ _ _.

4. 너무 졸려서 수업 시간에 _ _ _ _ _ _ _ _ _ _ _ _ _ _.

5. _ _ _ _ _ _ _ _ _ _ _ _ 우산을 가져왔어.

6. 학교에 오다가 차에 _ _ _ _ _ _ _ _ _ _ _ _.

7. 나는 일본 음식을 _ _ _ _ _ _ _ _ _ _ _ _ _ 먹어봤어.

8. 동생이 _ _ _ _ _ _ _ _ _ _ _ _ _ _ _ 방을 청소했어.

3. Lee las siguientes oraciones y responde verdadero o falso. Si la oración es incorrecta, cámbiala para corregirla:

1. En Corea es normal dar propina. ( )

2. -(으)ㄹ 뻔했다 se refiere a una acción que ya ha pasado. ( )

3. -(으)ㄹ 까 봐 se usa para expresar emoción y alegría. ( )

4. 제일 y 가장 significan lo mismo. ( )

5. - 길래 y - 기에 significan lo mismo, pero el primero se usa en el lenguaje hablado y el segundo en el lenguaje escrito. ( )

4. Completa los diálogos con la información entre paréntesis:

1. A: 한국에서 뭐가 _ _ _ _ _ _ _ _ _ _ _ 힘들었어?.
    *문법: gramática   (el más)

B: 처음에 문법 틀릴 ________ 걱정했는데 생각보
다 괜찮았어.
(miedo de que)

2. A: 길을 잃을 ________________.
(casi)

B: 왜? 지도를 ________ 했어?
(olvidar)
*지도: mapa

(porque...)

3. A: 날씨가 너무 덥________ 에어컨을 켰어.
*에어컨: aire acondicionado

B: 그러게. 너무 더워서 죽을 ________________.
(casi)
*죽다: morir

5. Traduce las siguientes oraciones al coreano usando las palabras de la sección de vocabulario y los puntos de gramática de la sección de gramática:

1. ¡Vamos a tomar bingsu de fresa!
   * 딸기: fresa

2. Me preocupaba que estuvieras enfadado.
   * 걱정하다: preocupar(se)   * 속상하다: enfadar(se)

3. He comido ramen porque tenía hambre.
   *라면: ramen

4. Casi grito porque cometí un error.
   *소리 지르다: gritar

Despedirse
작별하기

Hoy es el último día de Lorena en Corea. En el aeropuerto, Lorena se registra para su vuelo, entrega su equipaje. Antes de que pase por la puerta de seguridad, hablan sobre su tiempo juntas:

: 로래나! 짐 다 부쳤어?

¡Lorena! ¿Has enviado el equipaje?

Lorena: 응! 방금 다 부쳤어. 탑승 시간 삼십 분 전까지 게이트에 가있으래.

Sí, acabo de enviarlo todo. Me han dicho que vaya a la puerta de embarque treinta minutos antes de la hora de embarque.

Judy: 그래. 그러면 여기 조금 있다 가자. 한국 여행 어땠어?

Bueno, entonces nos quedamos aquí un rato y después vamos. ¿Qué tal tu viaje a Corea?

Lorena: 너무 재밌었어! 벌써 가기 싫은데 조금 더 있다 갈걸 그랬다.

¡Ha sido muy divertido! Debería haberme quedado un poco más. No quiero irme ya.

Judy: 그러게. 나도 너랑 여행해서 정말 재밌었어. 다음에 더 좋은 데 많이 데리고 다닐게.

Estoy de acuerdo. Ha sido muy divertido viajar contigo. La proxima vez te llevaré a lugares mejores.

Lorena: 응. 나도 너 덕분에 한국에 대해 더 많이 알게 된 것 같아.

Sí. Creo que ahora sé más de Corea gracias a ti.

Judy: 다행이다.

¡Me alegro!

(Mira la hora)

Judy: 이제 들어가야겠다. 게이트 들어가는 대로 연락줘.

Tengo que irme ya. Avísame en cuanto entres por la puerta.

Lorena: 그동안 고마웠어. 또 보자!

Muchas gracias. ¡Nos vemos de nuevo!

Judy: 그래 우리 곧 또 보자. 조심히 가!

Sí, nos vemos pronto. ¡Ve con cuidado!

Lorena: 안녕!

¡Adiós!

(Se abrazan y se despiden)

Vocabulario

짐 equipaje	갈다 cambiar, reemplazar
부치다 enviar	데 lugar, sitio
방금 hace un momento, justo ahora	데리다 traer/llevar a una persona
탑승 시간 hora de embarque	다니다 ir (frecuentemente)
게이트 puerta (de embarque)	데리고 다니다 llevar (a sitios)
덕분에 gracias a	조심히 con cuidado
연락을 주다 avisar, contactar con alguien	

Gramática

1 - V-(으)ㄹ 걸 그랬다

Verbo + (으)ㄹ 걸 그랬다   debería haber + pp

Esta terminación se usa para expresar que deberías haber hecho algo en el pasado pero no lo hiciste.

| La raíz del verbo termina en vocal
+ ㄹ 걸 그랬다? | La raíz del verbo termina en consonante
+ 을 걸 그랬다 |

pp: participio pasado

더 일찍 잘 걸 그랬다.

<u>Debería ir a dormir</u> más temprano.

책을 많이 읽을 걸 그랬다.

<u>Debería haber leído</u> más libros.

더 많이 사랑할 걸 그랬다.

<u>Debería haberte querido</u> más.

2 - N-덕분에 / V-(으)ㄴ 덕분에

Nombre + 덕분에/Verbo + (으)ㄴ 덕분에

gracias a...

Este final se usa para mostrar el efecto positivo de una acción o estado. En español, significa "gracias a ...".

La raíz del verbo termina en vocal

+ ㄴ 덕분에

La raíz del verbo termina en consonante

+ 은 덕분에

너 덕분에 나는 행복해.

<u>Gracias a ti,</u> soy feliz.

아빠 덕분에 운동을 좋아하게 됐어.

Los deportes me han llegado a gustar <u>gracias a mi padre.</u>

열심히 공부를 한 덕분에 TOPIK 시험에 합격했어요.

<u>Gracias a mi duro trabajo,</u> he aprobado el examen TOPIK.

장학금 덕분에 **좋은 외국 대학에 다녔어요.**

<u>Gracias a la beca</u>, fui a una buena universidad en el extranjero.

3 - V-은/는 대로

Verbo + 은/는 대로   tan pronto como, en cuanto

Esta terminación verbal se usa para indicar que una acción ocurre tan pronto como acaba otra.

- -

La raíz del verbo termina en vocal   La raíz del verbo termina en consonante
+ 는 대로   + 은 대로

이메일 보는 대로 **답장 부탁해.**

Por favor, respondeme <u>en cuanto</u> leas el e-mail.

도착하는 대로 **전화 줘.**

Llámame <u>en cuanto</u> llegues.

부산 también tiene un aeropuerto internacional llamado 김해 Aeropuerto Internacional. Se encuentra al oeste de 부산, se tarda unos 40 minutos desde el centro de la ciudad y llegar al aeropuerto cuesta al rededor ₩6.000. Recibe tanto vuelos domésticos como internacionales.

1. Reorganiza las letras para formar una palabra y escribe también su significado:

1. 에/덕/분:

2. 이/트/게:

3. 간/승/탑/시:

4. 을/치/다/부/짐:

5. 니/다/다:

6. 을/락/다/연/주:

7. 히/조/심:

2. Subraya el error en las siguientes oraciones y corríjelas:

1. 나는 너 덕분에 슬퍼.

2. 더 많이 먹을 것 그랬네요.

3. 한국에 도착해 대로 전화 줘.
*도착하다: llegar

4. 내일 다 부쳤어.
* 부치다: enviar

5. 그동안 고마울 거야.

3. Completa los espacios en blanco usando la gramática y el vocabulario que has aprendido en este capítulo y la pista entre corchetes:

1. 열심히 공부를 한 _________ 한국어를 많이 배웠어요.
    (gracias a...)

2. 이 드라마가 __________ 저는 숙제를 시작할 거예요.
    (en cuanto acabe)
    *끝나다: acabar, terminar

3. 다음에 더 좋은 데 많이 _____________________.
    (llevar a sitios)

4. 답장을 보낼 ________________. 죄송합니다.
    (debería haber...)
    * 답장을 보내다: responder

5. ________________ 전화 줘. (en cuanto llegues)
    * 도착하다: llegar

4. Organiza las palabras a continuación para escribir una oración:

1. 더/걸/많이/그랬다/생각할/.

2. 덕분에/친구들/좋아졌어/기분이/.

3. 연결해줘/오는/컴퓨터를/사무실에/대로/.

4. 나도/보내서/즐거웠어/너랑/시간을/정말.

5. 많이/덕분에/선생님/늘었어요/한국어가.

5. Traduce las siguientes oraciones al coreano:

1. Me debería haber quedado más tiempo.

2. Viajar contigo ha sido muy divertido.

3. Por favor, envíame un mensaje en cuanto empieces.
    *시작하다: empezar   *문자해줘: enviar un mensaje

4. Gracias a mi novio me he convertido en mejor persona.
    *남자친구: novio

5. Debería haber estudiado con más ganas.

Hoja de respuestas

Capítulo 1

(1)

1. c. Estación de Seúl

2. g. Subir

3. h. Disculpe

4. a. Honorífico de "preguntar"

5. b. Derecha

6. d. Un poco (abr.)

7. f. Piso

8. e. Tren del aeropuerto

(2)

1. 공항철도로 가시려면 왼쪽으로 가세요. Gire a la izquierda para encontrar el tren del aeropuerto.

2. 저기 보시면 경복궁을 보실 수 있을 거예요. Si mira allí, verá el Palacio Gyeongbokgung.

3. 오늘 학교에 갔나요? ¿Has ido hoy a la escuela? (pregunta cortés)

4. 비가 오면 우리는 집에 있을 거예요. Si llueve, nos quedaremos en casa.

5. 다음 역에서 내리세요. Deberías bajarte en la siguiente estación.

6. 한국어를 잘 할 수 있나요? ¿Puedes hablar bien el coreano? (pregunta cortés).

7. 비가 올 것 같아요. 우산을 <u>가져가세요</u>. Parece que va a llover. Trae un paraguas, por favor.

8. 기차가 <u>연착됐나요</u>? ¿Se retrasa el tren?

(3)

1. Verdadero.

2. Falso. Se utiliza para pedir educadamente al oyente que haga algo o para dar instrucciones y órdenes.

3. Falso. Se usa tanto con verbos como con adjetivos.

4. Verdadero.

5. Verdadero.

(4)

A: 실례합니다. <u>길 좀 여쭤볼게요</u>. 여기서 버스 터미널에 가려면 어떻게 해야하나요? Permítame que le peda direcciones. ¿Cómo puedo llegar a la terminal de autobuses desde aquí?

B: 버스 터미널로 가시려면 <u>왼쪽으로 가세요</u>. Por favor, gire a la izquierda.

A: 실례합니다, 화장실이 어디에 <u>있나요</u>? ¿Discúlpe dónde está el baño?

B: 화장실에 가시려면 오른쪽으로 가세요. Vaya a la derecha para encontrar el baño.

A: <u>조심하세요</u>. Por favor, ten cuidado.

B: 네, <u>감사합니다</u>. Vale, gracias.

(5)

1. 실례합니다, 서울역이 어디에 있나요?

2. 카페에 가(시)고 싶으(시)면 오른쪽으로 가세요.

3. 한국에 따뜻한 옷을 가져오세요.

4. 한국에 가면 김밥을 먹어봐요.

*Usa -(으)시 para ser extra respetuoso.

Capítulo 2

(1)

1. 비행기, avión
2. 다행이다, ser un alivio
3. 지하철, metro
4. 여행하다, viajar
5. 환영하다, dar la bienvenida
6. 복잡한, complicado/a
7. 편하다, cómodo
8. 괜찮다, estar bien

(2)

1. <u>비가 올 테니까 우산을 가져가</u>. Va a llover, así que trae paraguas.

2. 많이 먹으면 살이 찌니까 <u>먹지 마</u>. No comas demasiado porque vas a ganar peso.

3. 나는 우리 <u>부모님보다</u> 나이가 많다. Mis padres son mayores que yo.

4. 한국에 온 것을 환영해. <u>오느라고</u> 힘들었지? Bienveni-do/a a Corea del Sur. Te ha costado mucho venir, ¿no?

5. 비행기 터미널을 찾는 <u>게/것이</u> 어려웠어. Ha sido difícil encontrar la terminal.

(3)

1. 만나서 <u>반가워요</u>! ¡Encantada/o de conocerte!

2. 파티에 온 것을 <u>환영해</u>. Bienvenido/a a la fiesta.

3. 숙제를 <u>하느라고</u> 학교에 지각했어요. Llegué tarde a la escuela porque estaba haciendo deberes.

4. 생각<u>보다</u> 쉽네요. Es más fácil de lo que pensaba.

5. 내가 노래를 부를 테니까 너는 춤을 춰. Yo voy a cantar, así que tú bailas.

(4)

1. 그녀는 내 동생보다 똑똑하다. Ella es más lista que mi hermano/a pequeño/a.

2. 밖에 오래 있으면 감기에 걸릴 테니까 조심하세요. Si te quedas fuera mucho tiempo podrías resfriarte, así que ten cuidado.

3. 회의 가느라고 바다를 못 봤어요. No pude ir a ver el mar porque tenía una reunión.

4. 내일은 엄마랑 같이 갈 테니까 걱정 마. Mañana vas a ir con mamá, así que no te preocupes.

5. 버스에 사람이 많아서 불편했어. Había demasiada gente en el autobús, por lo que era incómodo.

(5)

1. 도쿄 지하철이 서울 지하철보다 복잡해요.

2. 그 책은 읽지 마(세요), 지루해요.

3. 텔레비전을 너무 많이 보면 피곤할 테니까 너무 많이 보지 마.

4. 버스에 사람이 많이 없어서 편하게 왔어(요).

5. 베이징은 매우/정말/아주 큰 도시야.

Capítulo 3

(1)

1. e. Palacio Gyeongbokgung

2. h. Historia

3. f. Recomendar

4. b. Hanbok

5. c. Divertido/interesante

6. g. No estar seguro/a

7. a. Ponerse, llevar puesto

8. d. Probarse (ropa)

(2)

1. 이 음악은 <u>들어본 적이 없어요</u>. Nunca he escuchado música.

2. 어렸을 때 간호사가 되고 싶다는 <u>꿈을 꿔본 적 있어</u>. Cuando era joven, soñaba con ser enfermera.

3. 한국에 <u>와본 적이 있어</u>? ¿Has visitado Corea del Sur?

4. 이 책을 <u>추천해준 적 있어요</u>. He recomendado este libro.

5. <u>재미있는</u> 영화를 보고싶어. Quiero ver una película divertida.

6. 미국에 <u>가본 적이 있다</u>. He estado en Estados Unidos.

7. 저번에 한국 왔을 때 김치를 <u>먹어봤어</u>. La última vez que vine a Corea tenía Kimchi.

*Observa que los número 3 y 6 son intercambiables.

(3)

1. Verdadero.

2. Falso. 입다 significa "llevar puesto" y 입어보다 significa "probarse".

3. Falso. Esta terminación se añade a un verbo.

4. Falso. Esta terminación se usa para hablar sobre experiencias del pasado.

(4)

A: 어떤 옷을 입을까? <u>혹시 추천해줄 수 있어</u>? ¿Qué tipo de ropa debería usar? ¿Puedes recomendarme una?

B: 경복궁에 가서 <u>한복을 입어보는 거 어때</u>? ¿Qué tal si vamos al Palacio Gyeongbokgung y nos probamos un Hanbok?

A: 너는 이 영화 <u>본 적 있어</u>? ¿Has visto esta película?

B: 아니, 한 번도 <u>본 적 없어</u>. No, no la he visto nunca.

A: 중국에 <u>가본 적 있어</u>? ¿Has estado en China?

B: 아니, 일본에는 <u>가본 적 있는데</u> 중국에는 <u>가본 적 없어</u>. No, he estado en Japón, pero no he estado en China.

(5)

1. 나 이 책 읽어보고 싶어(요).

2. 한국에서 일해본 적 있어(요)?

3. 그녀는 일본어를 공부해본 적 없다.

4. 재미있는 경험이 될 거야/될 거예요.

Capítulo 4

(1)

1. 불편하다, incómodo
2. 오히려, por lo contrario...; es más...
3. 기다리다, esperar
4. 빨간색, rojo
5. 사이즈, talla
6. 중간, mediana
7. 파란색, azul
8. 노랑색, amarillo

(2)

1. 겨울이 되었더니 오히려 더 <u>더워</u>. Hace más calor ahora que es invierno. (Contrario a lo que se espera).

2. <u>한번</u> 먹어 볼래? ¿Quieres probarlo?

3. 다음주에 스케이트 타러 <u>갈래요</u>? ¿Te gustaría ir a patinar la semana que viene?

4. 공부를 <u>안 했더니</u> 오히려 더 똑똑해지는 것 같아 o 공부를 했더니 오히려 <u>더 바보가</u> 되는 것

같아. Ahora que no estoy estudiando, me estoy volviendo más inteligente; Ahora que estoy estudiando, me estoy volviendo más tonto/a. (Contrario a lo esperado).

5. 파란색 한복 <u>입어보고</u> 올게. Me probaré el Hanbok azul.

(3)

1. 어떤 한복의 색깔이 <u>좋아</u>? 여기 색깔 별로 다 <u>있어</u>. ¿Qué color de Hanbok te gusta? Tienen todos los colores aquí.

2. 제가 그 양복을 한번 <u>입어봐도 돼요</u>? ¿Me puedo probar el traje?

3. 이 빵집은 케이크 <u>별로</u> 진열 되어있습니다. Esta panadería/pastelería tiene todo tipo de tartas.

4. 사이즈가 <u>어떻게</u> 되세요? ¿Qué talla usas?

5. <u>큰</u> 사이즈로 <u>주세요</u>. Dame una talla grande, por favor.

(4)

1. 영화를 종류 별로 보고 싶어. Quiero ver todo tipo de películas.

2. 한번 고민해보고 알려줄래? ¿Puedes pensártelo y avisarme?

3. 오늘 날씨도 좋은데 데이트 할래요? Hoy hace muy buen día. ¿Vamos a una cita?

4. 내일은 엄마랑 같이 갈 테니까 걱정 마. No te preocupes porque mañana vamos a ir con mamá.

5. 슬픈 영화를 봤더니 오히려 기분이 좋아졌어. Me siento incluso mejor después de ver una película triste.

(5)

1. 나는 음악을 종류 별로 들어보고 싶어요.

2. 너 야구 한번 해볼래?

3. 수영하느니 오히려 바이올린 연주하는 것이 낫다.

4. 안 불편해. 오히려 편한데.

5. 내일 공원에 갈래요?

Capítulo 5

(1)

1. e. Guarnición

2. d. Cena

3. a. Tía (camarera de mediana edad)

4. f. Dulce

5. c. Tener hambre

6. g. Picante

7. h. Traer

8. b. Comer

(2)

1. 종이에 이름을 <u>써 주세요</u>. Por favor, escribe tu nombre en el papel.

2. 나는 한국 음식을 <u>한 번도 안</u> 먹어봤어. Nunca he probado la comida coreana.

3. 김치는 정말 <u>매워요</u>. El Kimchi es muy picante.

4. 여름에 스페인으로 <u>여행 가자</u>. Viajemos a España este verano.

5. 오늘 날씨도 좋은데 <u>산책 갈까?</u> Hoy hace buen día. ¿vamos de paseo?

6. 오늘 저녁에 삼겹살 <u>먹으러 가자</u>. Vamos a cenar 삼겹살.

7. 다음 문단을 <u>읽어 주세요.</u> Por favor, lee el siguiente párrafo.

8. 인도 음식 처음 먹어봤는데 <u>입맛에 맞아</u>. Es la primera vez que pruebo la comida india, pero el sabor me gusta. (literalmente "se ajusta a mi").

(3)

1. Falso. Significa que uno nunca lo ha hecho.

2. Falso. 이모 es una manera amistosa de llamar a las camareras de mediana edad.

3. Verdadero.

4. Verdadero.

5. Falso. Significa "por favor, haz -verbo- por mi".

(4)

A: 이모! 삼겹살 삼인분 <u>주세요</u>. ¡Tía! Tres raciones de Samgyeopsal, por favor.

B: 네, 조금만 <u>기다려 주세요</u>. Sí, por favor espera un poco.

A: 그럼 불고기 <u>어때</u>? Entonces, ¿qué tal bulgogi?

B: 그래 좋아. 나 불고기 <u>한 번도 안 먹어봤어</u>. Sí, está bien. Nunca he probado el Bulgogi.

A: 아, 너무 <u>배고프네</u>! Ah, ¡tengo mucha hambre!

B: 그래? 그럼 피자 <u>먹으러 가자</u>. ¿De verdad? Entonces vamos a comer pizza.

(5)

1. 이제 점심 먹을까?

2. 나 김밥 한 번도 안 먹어봤어(요).

3. 이 노래를 들어주세요.

4. 축구하러 가자.

Capítulo 6

(1)

1. 예매하다 reservar

2. 결제하다, pagar

3. 발권하다, emitir un billete

4. 예약하다, reservar un billete

5. 준비하다, preparar(se)

6. 가능하다, ser posible

7. 내려가다, bajar

8. 천천히, lentamente, despacio

(2)

1. 밥을 먹으니까 힘이 나. Comer me da energía.

2. 동생은 항상 숙제를 미리 해놓는다. Mi hermano siempre hace sus deberes por adelantado.

3. 음악 들으시겠어요? ¿Te gustaría escuchar música?

4. 무엇을 하시겠어요? ¿Qué te gustaría hacer?

5. 여기 티켓 두 장 발권해드렸어요. Aquí tienes tus dos billetes.

(3)

1. 공원에 <u>갈까요</u>? ¿Vamos al parque?

2. 서울<u>까지</u> 가는 데 <u>얼마나</u> 걸려? ¿Cuánto tiempo se tarda en llegar a Corea?

3. 우와! 한국어 정말 <u>잘하네요</u>! ¡Wow! ¡Tu coreano es muy bueno!

4. 창문을 열어 <u>놓으세요</u>. Deja la ventana abierta, por favor.

5. 나중에 요가를 같이 <u>하시겠어요</u>? ¿Te gustaría hacer yoga conmigo después?

(4)

1. 할머니께서는 항상 음식을 준비해 놓으신다. Mi abuela siempre prepara comida.

2. 내일 파티에서 저와 함께 춤 추시겠어요? ¿Te gustaría bailar conmigo en la fiesta mañana?

3. 오늘 날씨도 좋은데 데이트 할래요? Hoy hace buen tiempo, ¿salimos juntos?

4. 혼자 있으면 심심하니까 친구를 만난다. Quedo con mis amigos porque es aburrido estar solo.

5. 1번 출구로 나가시면 됩니다. Puedes salir por la primera salida.

(5)

1. 낚시 가시겠어요?

2. 숙제 항상 오후에 해 놓아요.

3. 오늘 네 생일이니까 원하는 거 다 사.

4. 네 명 예약 가능한가요?

5. 현금으로 결제하시겠어요 카드로 결제하시겠어요?

Capítulo 7

(1)

1. d. Mañana
2. f. Vistas al mar
3. g. Habitación
4. h. Nombre (honorífico)
5. b. Bajar(se)
6. e. Restaurante
7. c. Cómodo
8. a. Desayuno

(2)

1. 어제 친구 집에서 자고 왔다. Llegué a casa después de dormir en casa de mi amigo.

2. 조식은 아침 8시부터 시작됩니다. El desayuno estará listo a partir de las 8 a.m.

3. 슬기는 영어도 잘 하고 스페인어도 잘해. Seulgi es buena en inglés así como en español.

4. 오른쪽 상단에 성함을 써주세요. Por favor, escribe tu nombre en la esquina superior derecha.

5. 한국어를 공부하고 싶은 것 맞죠? ¿Quieres estudiar coreano, verdad?

6. 친구들 덕분에 <u>편안한</u> 여행을 할 수 있었어. Viajé cómodamente gracias a mis amigos/as.

7. 학교에서 많이 연습<u>하고 갔다</u>. Me fui de la escuela después de practicar mucho.

(3)

1. Verdadero.

2. Falso. Entre amigos, se usa 이름 en lugar de la forma honorífica 성함.

3. Verdadero.

4. Falso. 내려가다 significa "ir hacia abajo" y 내리다 significa "bajarse de algo".

5. Verdadero.

(4)

A: 오늘 8시에 저녁 식사 예약하신 <u>것 맞죠</u>? ¿Has reservado una mesa para las 8 p.m., verdad?
B: 네, <u>맞아요</u>. Sí, es correcto.

A: 도서관은 <u>어디에</u> 있나요? ¿Dónde está la biblioteca?
B: 1층으로 <u>내려가시면</u> 되세요. Tienes que bajar al primer piso.

A: 성함이 <u>어떻게</u> 되세요? ¿Puedo preguntar tu nombre?
B: 하나요. 내일 <u>조식</u>은 몇 시<u>부터</u>인가요? Hannah. ¿Desde qué hora está disponible el desayuno mañana?

(5)

1. 내일도 비가 온대.
2. 팝 음악 좋아하는 것 맞죠?
3. 나는 저녁을 먹고 왔다.
4. 나는 책을 읽고 갔다.
5. 나는 월요일에도 커피를 마시고 토요일에도 커피를 마신다.

Capítulo 8

(1)

1. 구경하다, echar un vistazo
2. 돌아다니다, dar una vuelta
3. 시식하다, probar
4. 유명하다, famoso/a
5. 자르다, cortar
6. 신선하다, fresco/a
7. 모르다, no saber
8. 특산물, especialidad

(2)

1. 원래 <u>하얀색인데</u> 검정색처럼 보여. Solía ser blanco pero ahora parece negro.

2. 같이 여행 가면 안 <u>돼요</u>? ¿Podemos ir de viaje juntos/as?

3. 어떻게 내 마음을 표현하면 <u>좋을까</u>? ¿Cómo puedo expresar mis sentimientos?

4. 이것만 있으면 <u>밥</u> 한 그릇 뚝딱이야. Con esto, podrás terminarte fácilmente un plato de arroz.

5. 맛있겠다! <u>시식해볼</u> 수 있나? ¡Se ve delicioso! ¿Lo puedo probar?

(3)

1. 밥을 지금 먹으<u>면 안 돼요</u>? ¿Podemos comer ahora?

2. <u>어떻게</u> 하면 좋을까? ¿Qué debería hacer?

3. <u>원래</u> 겨울에는 더 추웠<u>는데</u> 지금은 기온이 온화해요. Solía hacer más frío en invierno, pero ahora la temperatura es suave.

4. 어디로 가면 좋을<u>까</u>(요)? ¿A dónde deberíamos ir?

5. 원래 더 빨리 달렸<u>는데</u> 지금은 느려요. Solía correr más rápido, pero ahora soy más lento/a.

(4)

1. 원래 과학을 좋아했는데 갑자기 심리에 관심이 생겼어. Me solía gustar la ciencia, pero de repente me interesé por la psicología.

2. 순서 바꿔주시면 안 돼요? ¿Puedes cambiar el orden?

3. 대화를 어떻게 시작하면 좋을까? ¿Cómo debería empezar la conversación?

4. 조금만 더 깎아주시면 안 돼요? ¿Puedes darme un poco más de descuento?

5. 나 목걸이를 사고 싶은데 어디로 가면 좋을까? Quiero comprar un collar. ¿A dónde debería ir?

(5)

1. 언제 여행 가면 좋을까?

2. 나는 원래 내향적이였는데 이제는 외향적이게 되었다.

3. 너 생일이니까 너가 원하는 것을 사.

4. 나랑 같이 가면 안돼요?

5. 조금만 더 깎아주세요.

Capítulo 9

(1)

1. e. Mar

2. f. Vistas nocturnas

3. h. Cerveza

4. g. Tienda de conveniencia

5. a. Edificio

6. b. Probar

7. d. Paseo

8. c. Soju

(2)

1. 내일 놀이공원에 <u>간다고</u> <u>들었다</u>. He oído que mañana van al parque de atracciones.

2. 한국 아이돌 <u>좋아하잖아요</u>. Ya sabes que me gustan los grupos de ídolos coreanos.

3. 아침을 <u>먹었다면</u> 배가 고프지 <u>않았을 텐데</u>. No tendría hambre si hubiera desayunado.

4. 공부할 시간이 <u>없잖아요</u>. Ya sabes que no tuve tiempo de estudiar.

5. 나는 영어가 수학보다 <u>훨씬</u> 재밌다고 생각해. Creo que el inglés es mucho más divertido que las matemáticas.

6. 유럽에서 방탄소년단이 <u>유명하다고 들었다</u>. He oído que BTS es famoso en Europa.

7. 나는 일본 음식을 <u>한 번도 안</u> 먹어봤어. Nunca he probado la comida japonesa.

(3)

1. Falso. Se usa para mostrar arrepentimiento por una acción pasada.

2. Verdadero.

3. Falso. 진작 se usa en un contexto negativo, para mostrar arrepentimiento y culpa en el pasado.

4. Falso. 훨씬 significa "mucho más".

5. Verdadero.

(4)

A: 서울에서 축제가 많이 열린다고 <u>들었어</u>. He oído que hay muchos festivales en Seúl.
B: 맞아. 부산보다 <u>훨씬</u> 많이 열려. Sí, hay muchos más festivales que en Busan.

A: 이렇게 추운 줄 알았다면 더 따뜻하게 입었을 텐데. Me hubiera vestido más abrigado si hubiera sabido que haría tanto frío.
B: 내가 말했잖아! ¡Te lo dije!

A: 이탈리아는 여름에 덥다고 <u>들었어</u>. He oído que hace calor en verano en Italia.
B: 나는 더운 거 싫어해. 그럼 겨울에 <u>가자</u>. No me gusta el calor. Entonces vamos en invierno.

(5)

1. 돈이 더 많았다면 더 많이 여행 했을 텐데.
2. 나는 한국에 문화유산이 많다고 들었어.
3. 지수는 민수보다 친구가 훨씬 많아.
4. 너 화학 어려운 거 알잖아.

Capítulo 10

(1)

1. 표준어, lenguaje estándar
2. 인사하다, saludar
3. 이해하다, entender
4. 적응하다, adaptar(se)
5. 일부러, a propósito
6. 사투리, dialecto
7. 반말, lenguaje casual/informal
8. 말을 편하게 하다, sugerir hablarse casual (반말)

(2)

1. 배가 가라잋을 수도 있어. Puede que el barco se hunda.
2. 글을 많이 쓸수록 더 좋은 작가가 될 수 있다. Cuanto más escribas, te convertirás en mejor autor.
3. 경험해보니 생각보다 쉬웠다. Era más fácil de lo que pensaba.
4. 우리 동갑이지? 그럼 말 편하게 하자. Tenemos la misma edad, ¿no? Entonces hablemos informalmente.
5. 갑자기 네가 영어 하니까 적응이 안 돼. No estoy acostumbrado ahora que de repente estás hablando inglés

(3)

1. 선생님 오늘 안 오실 수도 있어. Puede que el profesor no venga hoy.

2. 음식을 시키고 보니 돈이 모자라더라고요. Depués de pedir comida, me di cuenta de que no tenía suficiente dinero.

3. 공부를 할수록 똑똑해져요. Cuanto más estudies, más inteligente serás.

4. 지하철에서 내리고 보니 가방을 찾을 수 없었어요. 지하철에 놓고 내렸어요. Después de bajarme del metro, no podía encontrar mi mochila. Me la he debido de dejar en el metro.

5. 오늘 비 올 수도 있어요. Puede que llueva hoy.

(4)

1. 그녀가 다시 돌아올 수도 있어. Puede que vuelva.

2. 공부를 많이 할수록 시험을 잘 볼 수 있어. Cuanto más estudies, mejor lo harás en el examen.

3. 엄마가 되고 보니 엄마의 마음을 잘 이해할 수 있게 되었다. Ahora que soy madre, puedo entender mejor a mi madre.

4. 고등학교 때 이후로 처음 보네. Es la primera vez que nos vemos desde el instituto.

5. 그렇지 않아도 부산에 가려고 했어. De hecho, justo iba a ir a Busan.

(5)

1. 나 내일 등산 갈 수 도 있어.

2. 더 많이 일할수록 돈을 더 많이 벌 수 있다.

3. 이해해 보니 생각 보다 쉽다.

4. 그렇지 않아도 너에게 전화하려고 했어.

5. 오랜만이다. 잘 지냈어?

Capítulo 11

(1)

1. e. Alrededor

2. a. Difícil, confuso

3. g. Cometer un error

4. h. Triste

5. b. Ya

6. d. Tener miedo

7. f. Dar propina

8. c. Olvidar

(2)

1. 네가 배부르다고 하길래 <u>밥 먹은 줄 알았어</u>. Pensé que ya habías comido porque dijiste que estabas lleno/a.

2. 이 영화는 매우 <u>흥미로웠어</u>. Esta película ha sido muy interesante.

3. 마감일을 지키지 못할까봐 <u>조마조마했어</u>. Me daba miedo no cumplir con el plazo.

4. 너무 졸려서 수업 시간에 <u>잘 뻔했어</u>. Tenía tanto sueño que casi me duermo en clase.

5. <u>비가 올까봐</u> 우산을 가져왔어. He traído mi paragüas porque temía que lloviera.

6. 학교에 오다가 차에 <u>부딪칠 뻔 했어</u>. Casi me atropella un coche de camino a la escuela.

7. <u>벌써</u> 가는 거야? 아직 한 시간 밖에 안 지났잖아. ¿Ya te vas? Solo ha pasado una hora.

8. 동생이 <u>온다고</u> <u>하길래</u> 방을 청소했어. He limpiado la habitación porque viene mi hermano/a menor.

(3)

1. Falso. Dar propina no es parte de la cultura coreana.

2. Falso. Significa que alguien "casi hace" algo. Por lo tanto, la acción no se ha llevado a cabo.

3. Falso. Expresa preocupación y miedo.

4. Verdadero.

5. Verdadero.

(4)

A: 한국에서 뭐가 <u>제일/가장</u> 힘들었어? ¿Cuál ha sido la parte más difícil de Corea?

B: 처음에 문법 틀릴<u>까 봐</u> 걱정했는데 생각보다 괜찮았어. Tenía miedo de equivocarme en la gramática, pero ha ido mejor de lo que pensaba.

A: 길을 잃을 <u>뻔 했어</u>. Casi me pierdo.

B: 왜? 지도를 <u>깜빡</u>했어? ¿Por qué? ¿Te has olvidado del mapa?

A: 날씨가 너무 덥<u>길래</u> 에어컨을 켰어. Hacía mucho calor, por eso he encendido el aire acondicionado.

B: 그러게. 너무 더워서 죽을 <u>뻔했어</u>. Sí. Casi me muero del calor.

(5)

1. 딸기 빙수 먹으러 가자!

2. 나는 네가 속상할까 봐 걱정했어.

3. 배가 고프길래 라면을 먹었어.

4. 실수를 해서 소리 지를 뻔했어.

Capítulo 12

(1)

1. 덕분에, gracias a

2. 게이트, puerta (de embarque)

3. 탑승시간, hora de embarque

4. 짐을 부치다, enviar el equipaje

5. 다니다, ir (frecuentemente)

6. 연락을 주다, contactar con alguien

7. 조심히, con cuidado

(2)

1. 나는 너 덕분에 기뻐 o 나는 너 때문에 슬퍼. Gracias a ti, soy feliz; Debido a ti estoy triste.

2. 더 많이 먹을 걸 그랬네요. Debería haber comido más.

3. 한국에 도착하는 대로 전화 줘. Llámame en cuanto llegues a Corea.

4. 방금 다 부쳤어. Los acabo de enviar todos.

5. 그동안 고마웠어. Gracias por todo.

(3)

1. 열심히 공부를 한 덕분에 한국어를 많이 배웠어요. He aprendido mucho Coreano gracias a mi trabajo duro.

2. 이 드라마가 끝나는 대로 저는 숙제를 시작할 거예요. Empezaré mis deberes en cuanto se acabe este drama.

3. 다음에 더 좋은 데 많이 데리고 다닐게. Te llevaré a mejores sitios la próxima vez.

4. 답장을 보낼 걸 그랬어요. 죄송합니다. Debería haber respondido, lo siento.

5. 도착하는 대로 전화 줘. Llámame en cuanto llegues.

(4)

1. 더 많이 생각할 걸 그랬다. Debería haber pensado más.

2. 친구들 덕분에 기분이 좋아졌어. Me siento mejor gracias a mis amigos.

3. 사무실에 오는 대로 컴퓨터를 연결해줘. Por favor, enciende el ordenador en cuanto entres a la oficina.

4. 나도 너랑 시간을 보내서 정말 즐거웠어. Me he divertido mucho contigo.

5. 선생님 덕분에 한국어가 많이 늘었어요. Mi coreano ha mejorado mucho gracias a ti, profesor.

(5)

1. 더 오래 있다 갈 걸 그랬다.

2. 너랑 여행해서 정말 재밌었어.

3. 시작하는 대로 문자해줘.

4. 남자친구 덕분에 나는 더 좋은 사람이 되었어.

5. 공부를 더 많이 할 걸 그랬다.

www.ingramcontent.com/pod-product-compliance
Lightning Source LLC
LaVergne TN
LVHW090008180726
843489LV00001B/437